あなたを
疲れさせる
あの人を
「どうでも
いいや」
と思えるようになる本

大嶋信頼

永岡書店

みんなに
気を使ったり……

一生懸命
がんばって
いるけれど……

人間関係で
いつも疲れちゃう。
なぜ、
うまくいかないの？

私の努力が
足りないのかな……
私のせいなのかな……

今さら何をしても
無駄だよね。

待って、あきらめないで！
いつでも気持ちよく、
おだやかでいられる方法を
あなたにお伝えしますから！

はじめに

本書を執筆して、「いつも他人に振り回されている人って、心に傷を負っているんだな」と、しみじみ思いました。本人はいつ傷ついているのか覚えていなくても、隠れていた傷が知らずに悪さをするようになるんです。

私が心に負っていた傷は、「赤ん坊のときに母親から一日中放置された」こと。でも、私に記憶はありません。ところが、改めて本書を読み返してみたら、その隠れていた心の傷が癒やされていくのを感じました。とても不思議な感覚です。記憶にないはずの心の傷が、本書で紹介したエピソードと重なって、なんとなく浮かんできては、「なるほど」と癒やされていく……。自分の心が、どんどん軽くなっていったんです。

本書では私の体験も随所に紹介しています。私自身、これまで人間関係に振り回されて苦しんできました。それは、実は心の傷が悪さをして、人との距離感がうまく取れなかったから。専門的には「心の傷は癒やすのが難しい」といわれていますが、私はこれまで人と上手に距離感を取ることで、心の傷が癒やされるという不思議な体験をしてきました。二十代のころまでは、自分に自信がなくて「自分はちっとも変われない」と絶望的な気持ちになっていたのに、人との距離感を意識してみたら、自信ややる気がわいてきました。

それは、自分を責めたり、傷つけたりしないようになったからだと思うんです。たとえば、料理で指を切ってしまったときに、「痛い！」となるのは傷がついたから。そして、傷が癒えるまでは、傷口を確認して、触れるたびに痛みます。人間関係も同様です。他人や自分を責めて、傷つけて「痛い！」となるのは、毎日のように心の傷を確かめているのと同じです。この本を手に取ってくれたあなたも、子どものころ、学生時代、社会人になってからと、そういうことを繰り返してこられたのだと思います。

でも、大丈夫です。**人間関係の距離感を意識するようになると、他人や自分を責めて心の痛みを確かめなくなっていきます。そして心の傷が癒やされ**

ていくと、自由にのびのびと自分らしさを取り戻して生きることができるようになっていくんです。

本書を読み返してみたら、私自身もひとつひとつの小さな心の傷が癒やされて、「他人に振り回されず、自分が人生の主役でいいんだ」という思いが、さらに強くなりました。

いつも、読者の方たちが「読むだけで癒やされる本」を目指して執筆していますが、今回、自分自身もこんなふうに癒やされるなんて思いもしませんでした。もちろん、普通の心理学のセオリーとは違っているかもしれません。でも、何も実践しなくても、繰り返し流し読みをするだけで、何かが変わっていくはずです。

読んでくださった方の心の傷が癒やされて、そして内側にある光が輝きを増し、いつの間にか人生の主役を楽しく演じるようになっていく……。そんな予感がしています。

大嶋信頼

CONTENTS

はじめに …… 7

第1章 なぜ人との距離感に悩んでしまうのか

01 なぜ、私は他人のことばかり考えてしまうのだろう …… 18
02 人との心地よい距離感ってどのくらい? …… 25
03 誰かと「わかり合える」というのは幻想 …… 32
04 相手に期待しないようにするには、どうすればいいの? …… 37
05 「みんなに好かれたい」という呪縛から逃れるには …… 42
06 身体の中心ラインを意識すれば、他人に振り回されなくなる …… 47

07 心の距離感がうまく取れると、こんなメリットがある！……53
第1章のまとめ……58

第2章 こんな人に悩まされていない!? あなたを狙う6タイプ

あなたの心を疲れさせる6タイプ……60
01 図々しい人をかわす方法……62
02 ハラスメントしてくる下品な人をかわす方法……68
03 マウンティングしてくる人をかわす方法……74

04 愚痴っぽくて悩んでいる人をかわす方法……80
05 落ち込んで苦しんでいる人をかわす方法……85
06 ひとりぼっちでいる孤独な人をかわす方法……91
第2章のまとめ……96

第3章 シチュエーション別 他人の言動に傷つかない方法

01 完璧に書類を仕上げようとしているのに、職場の上司はやたらとダメ出ししてきて耐えられない。もうこんな会社辞めたい！……98

02
人見知りで、ママ友の輪になかなか入れない。
それなのに子ども会の役員をやることに。
私にはとても無理！……104

03
誰よりもがんばっているのに、周りの人はぜんぜん
わかってくれない。きっと店長のAが、陰で
私の足を引っ張っているに違いない……。……110

04
LINEのママ友グループで、私がコメントをしても無視される。
もしかして嫌われているのかも？
でも、このグループを抜けられない……。……116

05
女性の上司や同僚が、なぜか私を攻撃してくる。なんで？
みんな私に嫉妬しているんじゃないかしら。……122

06
夫の意見や行動に、いつも振り回されている気がする。
でも意見を聞かないと不安だし……。……128

07 つき合う彼は毎回ダメ男。男運がない!? 一生ハズレくじ人生なのだろうか……。 134
第3章のまとめ 140

第4章 主導権を握ろうとする相手を封じるテクニック

01 会話や行動で自分が主導権を握るには 142
02 フットインザドアでかわす 149
03 ドアインザフェイスでかわす 155
04 ダブルバインドでかわす 161

05 ツァイガルニク効果でかわす …… 167
06 返報性の原理でかわす …… 173
第4章のまとめ …… 180

第5章 他人に振り回されないためには

01 自分と向き合うと、気持ちが楽になる …… 182
02 他人と自分の間に境界線を引く …… 188
03 ときには人間関係を整理する …… 194

04 自分にとって好きな人ってどんな人？ …… 200
05 好きかどうかは、快・不快で判断する …… 204
06 好きな人とばかりつき合うと、こんなに幸せになれる …… 210
07 自己中を極めてみる …… 216
第5章のまとめ …… 223

第1章

なぜ人との距離感に悩んでしまうのか

あなたが人間関係で悩むのは
こんなワケがあるのかも……

01
なぜ、私は他人のことばかり考えてしまうのだろう

私はずっと人間関係に悩んできました。

たとえば、出かけるときに、「近所の人が外にいないかな?」と玄関ののぞき穴から誰もいないことを確認して外に出る。なぜなら、誰かに会ってしまったら、「こんにちは!」とあいさつをしなければいけなくなるから。あいさつぐらいで、そんなにこそこそしなくても……と、あきれられるかもしれませんね。

でも、近所のおじさんにあいさつをすると、「あれ、おじさんの返事が微妙に遅れたぞ?」ということが気になります。相手の声のトーン、返事の速度などから、

「もしかして私って、近所の人から嫌われているのかもしれない？」と不安になってきてしまうんです。「この前、音楽の音量をちょっと大きめにかけたからかな？」「ゴミ出しの時間がちょっと早かったからかな？」と、相手のことを気にし始めると、考えるのが止まらなくなります。

そして、**「どうして私は普通の人のように、近所づき合いができないんだろう？」**と、暗い気分になっていくのです。

電車の中では、目の前の携帯電話をいじっている男性のことが気になります。そんな人、どうでもいいじゃない……とは思うのです。でも、その男性が携帯電話をいじりながら爪をかみ、その爪のかけらを指ではじき飛ばしていると、それが自分に向けられているような気がしてしまう。「この人、私のことが気に入らないのかな？」と、見知らぬ男性の気持ちを考えてしまうんです。

そして、**「なんでこんなふうに、自分はいつも他人のことばかり考えてしまうんだろう？」**と落ち込んでいました。

いつも他人の気持ちに振り回されてしまう自分

いつもこんな感じで、必要以上に**人の気持ちを考えてしまう自分がいました。**ちょっとした相手のしぐさや態度、声のトーンなどから、相手の気持ちがすけて見えてしまい、「私はいつも人から否定的な目で見られている」と落ち込むこともたびたびありました。

もちろん私だって、「他人の気持ちに振り回されたくない」と思って、人のことを見ないようにしたり、人の気持ちを考えないようにしようと、努力をしてきました。

でも、そんな努力をしていてもなかなか切り替えることはできません。ちょっとしたきっかけで、相手の気持ちを考えることが止まらなくなり、いつも頭の中はどよーんと重たい感じになります。外出先から帰宅しても、きょう一日会った人との会話を思い出したり、そこから芋づる式に過去に出会った人たちのことまで考えてしまう。そして、目の前にいない人の気持ちまで考えて、苦しくなってしまっていたのです。

テレビを見ていても、ドラマのセリフから、学生時代にあった嫌なことを思い出し、気分が悪くなることもありました。

他人との境界線が引けないと、相手の気持ちにとらわれる

「どうして自分はこうなるんだろう?」と、私は子どものころからずっと悩んできました。

大人になって、カウンセリングの仕事をするようになってから、こうして**人の気持ちを考えてしまうのは、他人と自分との「境界線」が引けないからだ**ということがわかってきました。

子どものころ、校庭に自分の周りを囲うように足で線を引いて、「この中は私の陣地だから入ってこないで！」と、遊んだことはありませんか？　そのイメージです。

いつでも境界線を引いて、他人の気持ちが自分の陣地に入ってこないようにするのが健康な人。私の場合は、**境界線が引けなくて、他人の気持ちが自分の陣地**

この中は私の陣地だから!!
ズズーッ
入ってこないで!

にどんどん入ってきてしまっているんだと、気づいてきました。

私は幼いころから母親に、「人の気持ちを思いやれないから、みんなに嫌われるのよ！」と怒られてきたので、「自分は人の気持ちが考えられないダメな子なんだ」と思い込んできました。

母親のように、相手の気持ちを思いやれる人がうらやましかったんです。ところが、そう思って大人になっても、人との距離感がわからないし、人の気持ちを考えても、ちっともいいことがない。そして、他人の気持ちを考えすぎて、どんどん心が窮屈になっていったんです。

確かに母親が言うように、「人の気持ちをまったく考えない人」には美しさは感じられません。かといって、いつも人の気持ちばかり考えてしまい、人に対する怒りや憎しみ、悲しみやみじめさで頭がいっぱいになってしまうのも、美しくないような気がしますね。

周りを見ると、人との距離感がうまく取れていて「あの人、楽しそうに生きているなあ」という人がたくさんいます。

そんな人たちと自分を比べてみると、**人との心の距離感の取り方に問題があることがわかってきました。**

それは、**他人と自分との境界線が引けなくて、相手の気持ちが自分の中にどんどん流れてきてしまい、人のことを考えるのがやめられなくなる**からです。

ですから、人との距離感さえうまく取れれば、いつも他人のことばかり考えることはなくなるということに気づいたのです。

02 人との心地よい距離感ってどのくらい？

では、人との心地よい距離感に正解はあるのでしょうか？

学生のころ、英語学校の先生が「人との適切な距離（パーソナルスペース）は、人によってそれぞれ違うんです」と説明したときは、「え、そんなことはないでしょう!?」と疑いました。

先生は「じゃあ、パレスチナ人の彼で確かめてみましょう」とひとりの男性を指名し、その彼は先生の前に立ちました。「近い！」と思わず叫びたくなるような先生と彼との距離。先生とこぶしふたつ分くらいの距離に立って、パレスチナ人の彼が話し始めたので、先生は上半身を後ろに反らしていました。

次に私が日本人代表で指名されて、先生の前に立ちました。すると、それを見たさまざまな国の生徒から、「お前、離れすぎ！」というヤジが飛んできました。

私は自分では、「これ以上近かったら相手が不快だろう」と思ったし、深々とお辞儀をしても、お互いの頭がぶつからない程度の適切な距離を取っているつもりでした。

でも、ほかの国の人から、「距離が離れすぎで、あなたには興味がないと言っているよう」と言われ、ショックを受けました。

私は、コミュニケーションをとるうえで、不快感は与えないけれど親密感も生まれないという失敗をおかしていたのです。

でも私からすれば、人に近づきすぎると、お互い気づきたくないニオイを感じたり、見なくていい相手の毛穴まで見えてしまったりして、**お互いの印象が悪く**

なると思うから、近づかないようにしていたのです。

この体験を心の距離感に置き換えて考えてみました。すると、「**相手が言葉に出さない気持ちを考えることって、相手がかいでほしくないニオイをかぐ距離にいることと**、もしかしたら一緒なのかな」と気がついてきました。

あのパレスチナ人の彼のことを「近い！」と冷や冷やしながら見ていたけれど、自分は心の中で、あれと同じことをやっていたのかもと、わかってきたんです。

相手の心に近づきすぎていたんです。

相手の気持ちを読むのは、家の中をのぞくのと同じこと

私は、相手のちょっとした表情やしぐさから相手の気持ちを読み取れることは、ひとつの能力のように考えていました。でも、それは、相手との心の距離感が近

すぎるということだったんです。「他人の気持ちに振り回される」のは、心の距離感が近いから。

人が自分のことを嫌っているように感じてしまうのは、適切な心の距離感を取っていなかったから……。

他人とのコミュニケーションがうまくいかなかったのは、すべて相手との心の距離感が近すぎたことが、原因だったのです。

私はそれまで、「自分は相手との心の距離感が上手に取れている」と、信じて疑いませんでした。でも、それがそもそ

もの間違いで、**「相手の気持ちを考えてしまう」のは「心の距離感が近すぎ」で、相手の心の中までのぞいていた**ということだったのです。

そのことに気づいたら、「私はなんて失礼な人間なんだ！」と自分自身を責めたくなりました。だって、誰かがズカズカ自分の部屋に入ってきて、勝手に冷蔵庫を開けてチェックしたりしたら嫌ですよね。

相手の気持ちを先回りして考えるのは、それと同じ行為。それに気づいて、ちょっとショックを受けました。

自分は礼儀正しい常識的な人間だと思っていたのに、人の部屋に土足で上がるような、失礼な人間だったのです。

こんなときはつい、親から「人の気持ちを考えて行動しなさい！」と育てられたから、いつも人の気持ちを考えるようになったんだ……と親のせいにしたくなります。

ただ、親は家族だから、同じ冷蔵庫を開けてもいい関係。だから、家族の気持ちを考えるのは、ある程度ありなのかもしれません。でも、いったん外に出たら、**他人の気持ちを考えるのは、下品で失礼なこと**になるんです。

確かに、立派な家が建っていたら、遠目から「素敵な家だな」と眺めても、必要以上にジーッと見たり、垣根から部屋をのぞいたりはしないですよね。

ほどよい心の距離感は、相手の心を詮索しない距離

そう考えたら、**人とのほどよい心の距離感って「相手の心をのぞかない」距離**だとわかってきたんですね。よっぽど親しい友だちだったら、相手の家に行ったり、自分の家に来てもらったりすることはあるかもしれません。でも、家の冷蔵庫までは開けません。

友だちだとしても、相手の気持ちを考えるのは心の距離感が近すぎなんです。親友という関係になってやっと、「冷蔵庫の中のものを使って料理していい？」

と聞けるぐらい。

電車に乗っている他人のことを「私のことを不快に思っているんじゃないか？」なんて考えること自体、心の距離感が「近すぎ」なんです。

気持ちや本音って、冷蔵庫の中にしまってあるものと一緒。

私だって、本音を外で吐き出したりしないし、もし探られたら「心の距離感が近い！」と相手の厚かましさにあきれてしまいます。

人との心地よい心の距離感は、相手の気持ちを詮索《せんさく》しない距離。相手の家の冷蔵庫の中をのぞかない距離なんだとわかると、なんだかすっきりしてきませんか。

03

誰かと「わかり合える」というのは幻想

学生のころの私は、自分自身が人との心の距離感が近いとは夢にも思っていなくて、むしろ自分は「人と心の距離感をあけすぎ。どうして誰とも仲良くなれないんだろう?」と、悩んでいました。

でも、それは勘違いでした。**相手の気持ちを考えてしまうこと自体が、すでに相手の家に土足で上がるようなもの。**そして、相手の気持ちが手に取るようにわかると思っているとしたら、それは**相手の家の冷蔵庫を開けてしまうような、厚かましい人間**ということだったんです。

汚部屋を見られたくないように、心の中も他人にのぞかれたくない

ところが私は、「自分はこんなに相手の気持ちを理解しているのだから、相手も自分の気持ちを慮《おもんぱか》ってくれるはず」と思い込んでいたので、電車の中で私の隣に座ったおじさんが、私のほうに足を広げて座ったりすると、「なんで私のことを考えてくれないんだ！」と、怒っていました。万事そんな感じです。

でも考えてみると、私は他人を自宅に招くのが苦手で、冷蔵庫の中を見られるなんてとんでもないと思っていました。なぜなら、家の中はごちゃごちゃに散らかっていて、冷蔵庫には古くなって食べられないものが捨てられずにたくさん残っていたから。そんな汚らしい部屋を人には絶対に見られたくないわけです。

心の中も部屋の中と一緒です。私の心の中は**怒りや憎しみ、そして不安や恐怖**

でぐちゃぐちゃ。汚くて誰にも見せられません。過去のいじめられた体験や失敗したときの恥ずかしい思いが、捨てられずにそのまま残っている。そんな心の中をのぞかれてしまったら、「この人、大丈夫かな?」と、絶対にあきれられてしまうでしょう。

内面をさらけ出したいわけじゃない

もし、私のちょっとしたしぐさから、隠している感情がすべて相手に伝わってしまうとしたら、恥ずかしくて、相手と

まともに顔を合わせられません。

相手に自分の内面が見えないからこそ、平静を保って、普通の人のように振舞っていられるんです。もし知られてしまったら、とても平常心を保てません。不満や怒り、不安や恐怖なんか感じていないふりをして生きていて、しかも過去の不快な記憶も、すべて処理されているかのように振る舞っているのですから。

でも、**人と人がわかり合えてしまったら、自分の内面に隠していたものがあばかれて、作り上げていた自分自身のキャラクターが崩壊して大変なことになってしまいます。**家族や親友にも、隠していて言えないことがたくさんあるのに……。

それまで、私は相手とわかり合って親密になりたいのだと思っていたのですが、それはまったくの勘違いでした。お互いの内面をさらけ出すのではなくて、**一生懸命に作っている表面的なキャラクターを、そのまま素直に受け止めてくれる**ことを実は望んでいたのです。

よい心の距離感を保ちつつ、外から眺めて「ああ、いい人だな！」と感心したり、されたりすることが、私の思う、人とわかり合うということだったんです。

内面を隠したままでも、十分わかり合える

誰もが、「お互いに感情をさらけ出したほうが、もっとわかり合えて信頼関係が深まる」と誤解しています。あなたもそう思っていませんでしたか？　だから、一生懸命に相手の心の中を探ろうとするわけです。

でも、相手のことをわかろうとするほど、「どうして自分のことをわかってくれないんだ」と憤《いきどお》ることが出てきます。それは、自分の内面は隠したままだから。

自分が表面的なら、**相手のことも相手が作り上げている表面的なものを受け止めるだけで、十分にわかり合えている**ことになる……。それは大きな発見でした。別にお互いの心の中まで知ろうとしなくていい。そのことに気がつけば、ちょっとすっきりします。

04 相手に期待しないようにするには、どうすればいいの？

「相手に期待しないのは当たり前。私は人になんか期待していない！」と、真剣に思っていても、ツイッターなどのＳＮＳで自分があげたつぶやきに否定的なコメントがあると、ガーン！と衝撃を受けてしまうことも……。「自分はもうダメだ！　みんなから嫌われている」と思ってしまうくらい、ものすごい衝撃です。

でも「ちょっと待てよ。なんでそんな感覚に陥るんだろう？」と、一度冷静になって考えてみましょう。すると、「これって相手が自分を完璧に理解して、賞賛してくれることを期待しているからかも」ということがわかってきます。

相手に期待しなければ、どんな否定的なことを書かれても「まあ、そんなものだよね、人って」と達観できるはず。それができなくて、この世の終わりだ的な感覚になってしまうのは、**自分がものすごく人に期待している**からです。


私の人生を振り返ってみれば、子どものころから「人には期待しない！」と心に誓い、友だちと距離を置こうとしてきました。なぜなら、友だちに期待しては裏切られ、「ぜんぜん僕の気持ちをわかってくれない」と、傷ついてきたからです。

新しいおもちゃをおばあちゃんに買ってもらって遊んでいたら、友だちが「ちょっと貸して」と言ってきました。私は、自分が大切にしているものを同じように大切に扱ってくれるはずと期待して、貸してあげました。すると友だちは、いきなり泥水の中に私のおもちゃを投げ込んだのです。私が慌てて拾いに行こうとしたら、友だちは足でおもちゃを沈めてしまい、おもちゃは泥だらけに……。

こんなことがたびたびあったので、「相手に期待しない」と固く決心していたのですが、つい相手のお願いを聞いてしまうことも。そして「今度こそ僕の気持ちをわかってくれるだろう」と誰かに期待すると、裏切られて傷つけられてどん底に突き落とされる……。その繰り返しでした。

人との距離感は、みんなそれぞれ違っていていい

相手に期待しないと固く決心していたのに、どうして同じ失敗を繰り返してきたのでしょう。それは、**相手が自分と同じ距離感で接してくれることを期待していた**からです。

「自分と同じ距離感」とは、相手を傷つけない距離であり、土足で心の中を踏み荒らさないような距離。でも、そもそも人との距離感は、それぞれみんな違うのです。

これまで私は、人に期待すると裏切られて傷つけられると思っていたのですが、私を傷つけるような人は、**距離感が私とは違う人**だったんです。だから**傷つかないためには、距離感の合わない人から離れて、自分にとって不快ではない距離を取ればいい**んです。

これはコロンブスの卵くらいに驚くべき発見でした。

「自分が期待しちゃうからいけないんだ」と、長年自分を責めてきました。でもそうではなくて、自分と距離感が合わない人がいるんだから、それはもうしょうが

ないということなのです。

だから、距離感が違う人たちから傷つけられない距離を自分が保てばいいんです。ＳＮＳなどでがっかりするようなコメントがあったら、「この人と私の距離感は違うんだ」と思って、こちらから距離をあけて、遠くからその人のことを眺めるようにしてみましょう。

慣れてくれば、躊躇《ちゅうちょ》なく相手との距離を調整することができるようになり、人に期待して傷つけられるということがなくなってきます。「**距離感が違う人との距離を適切に調整することで、こんなにも楽になる**んだ」と、ものすごく気持ちが自由になります。

05

「みんなに好かれたい」という呪縛から逃れるには

「みんなから好かれなくてもいい」なんて、今さら言われなくてもわかっていますよね。

でも、いざ目の前の相手が不愉快そうな顔をしたら、「自分が何かおかしいことを言ってしまったのかな？」「相手を不愉快にさせることをしたかな？」と、不安になったり、反省したりしてしまうことがあるでしょう。そんな人のことなんか、気にしなければいいとわかっているのに、次に会ったときには、相手の機嫌をとるようなことを言ってみたり、相手に好かれるような態度をとったりする情けない自分がいるんです。

そうやって、「みんなから好かれよう」と下手に出ているうちに、相手の失礼な態度に傷つき、「なんで自分がいつもこんな目にあわなきゃいけないんだ！」と怒りに満ちてきます。それでもこりずに、相手から嫌われることが怖くて、気を使っては傷つけられるということを繰り返してしまいます。

あなたはあなたの人生のドラマの主役

「みんなから好かれなくてもいいと、心から思えない」というのは、興味深い心理です。口ではいくらでも「みんなから好かれなくてもいい」と言えるのですが、実際に人と接すると冷静になれず、いつの間にか気を使ってしまう……。

実は、これは単純に、**自分が人生の主役である自覚がないから**なんです。「え？

私のような、なんの取り柄もない人間が主役?」と思ってしまったらアウト!

生まれてからあなたの記憶に残っているのは、「自分の人生」ですよね。誰かが主役ではなくて、自分を中心に展開していくドラマ。映画でもドラマでも、主役と悪役がいます。ドラマをおもしろくするためには、必ず悪い奴が現れて、主役を妨害します。主役がみんなから好かれてしまったら、ドラマがちっとも展開しないし、おもしろくない。ドラマの中で嫌われないのは脇役です。それはその人を中心にドラマが展開していないから。主役はいつも山あり谷ありなんです。**自分に主役の自覚がないから「みんなから好かれなくてもいい」と思えない**わけです。

主役だと自覚すれば、人生がおもしろく展開していく

他人に気を使っているから人生が楽しめないのではなくて、**「自分が人生の主役」**

という自覚がないから楽しめない。ちっとも楽しいドラマにならないから、チャンネルを変えたくなる。他人の人生ばかりに興味が向き、自分の人生を嘆いてしまうわけです。人生がおもしろくないのは、自分がドラマの主役として生きていないからです。

「自分が人生の主役なんだ！」と自覚してみましょう。すると、「みんなから好かれなくてもいい」と心から思えるようになります。それは、今後のドラマがおもしろく展開していくのが、なんとなくわかるからです。あなたが主役のドラ

マは、何があっても**必ずハッピーエンドが待っています**。

「自分が人生の主役である」とわかれば、周りの脇役のことなんて気にならなくなります。次から次へといくらでも脇役が投入されるからです。

主役がいろんな人と出会い、そして、傷つき成長していき、どんどん人生が豊かになっていく。そんなドラマチックな展開が目の前にあります。

「みんなから好かれたい」という気持ちがいつの間にか消え、不機嫌な相手をただ眺めていることができるようになります。

「この脇役はどんなふうに私の人生のドラマをおもしろくしてくれるのかな」という感覚になってきます。

06

身体の中心ラインを意識すれば、他人に振り回されなくなる

働き始めたばかりのころ、合気道の道場に通っていました。そのとき師範から
「人は頭のてっぺんからおへそを結んだ中心ラインだけを守っていれば死なない」
と教わりました。

その中心ラインに人の急所があり、「そこに打撃を受けなければ大丈夫！」と師範が実践してくれて、なるほどと感心しました。師範が相手の攻撃を軽く、ひょいと避けられるのは、身体の中心に一本の線が通っているから。師範の身体の中心を狙おうとしても、「一本の線だから当てることができない」という難しさを

体験しました。

師範は私の身体の中心のラインを指し、「ここだけを意識していれば何も恐れることはない」とひと言。さらに、私の両腕を広げさせて、**「この両手が届く範囲に人が入らなければ、危険はない」**と、ビクビクしている私の目をしっかりと見て教えてくれました。

そのころ、私はいつも他人を意識しすぎておびえていました。道を歩いていても、50メートル前から歩いてくる人に「私のことをよけようとしない」とイライラ。電車に乗っていても、反対側の席で足を

あんなところにいる人のこと恐れる心配ある!?
ないわ!!

組んでいる人が気になって「迷惑な人だな」と落ち着かなくなる。会社に行けば、機嫌の悪い受付の人が気になって「私が何か悪いことしたかな?」と、一日中悩んでしまう……。

ところが、**「両腕を広げて届く範囲に敵意を持った人が入ってこない限り、何も恐れることはない」**ということを合気道の師範に教えてもらってから、悩んだり考えたりするのがバカバカしくなってきたんです。

他人を意識しすぎると、自分の中心がどんどんぶれていく

合気道の師範が身体の中心にあるラインを教えてくれて、そこを意識したとたん、「人が怖くない!」と思えるようになりました。

それまでの私はいつも、「他人を傷つけてはいけない」と、**他人の身体の中心**

ラインばかり意識していたんです。

他人の身体の中心ラインを意識していると、自分の中心がぶれていきます。すると自分の危険を感じる範囲がどんどん広がっていき、いつもビクビクしている状態になってしまうんです。

それまで、他人を中心に物ごとを考えることが、相手を傷つけないことだと思っていました。でもそうすればするほど、危険を感じる範囲が広くなってしまい、かえって相手を傷つけていたんです。

中心がしっかりしていて、そのラインが細ければ細いほど、急所に当たりにくくなり、人におびえる必要もなくなります。そして相手に対して攻撃的になったり、「攻撃してくるんじゃないか？」と警戒する必要もなくなります。

そんなことに気がついたら、自分の身体の中心ラインを意識するのが楽しくなってきました。中心ラインを意識すればするほど、人が遠くでどんなことを言っていても傷つかなくなります。なぜなら、その言葉は私が危険を感じる範囲に入っていないから。

中心ラインが細い線であればあるほど、人の態度や言葉で傷つかなくなります。

それは、私の急所には決して届くことがないからです。

人の言動で傷ついたダメージは、顔に現れる

この中心ラインの話を「他人がいつも私の悪口を言っている気がする」と悩んでいる女性にしたことがありました。

彼女は、「電車に乗っていても、私のことを誰かがクスクスと笑っている気がして、その日一日、ものすごく嫌な気持ちになってしまうんです」と話していました。

私が身体の中心ラインの話をしたら、彼女はまっすぐ背筋を伸ばして、目を閉じて「身体の中心ライン」とつぶやきました。そして「あ、中心ラインを意識し

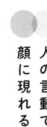

てみたら頭の中が静かになった！」と喜んで帰っていきました。

しばらくして、その女性と再会したとき、顔が変わっていてびっくりしました。キラキラ輝いていてまぶしいのです。彼女曰《いわ》く「身体の中心ラインを意識したら、人のことが気にならなくなって、他人の言葉や態度に傷つかなくなりました」。服装やお化粧も、以前より自由に楽しめるようになったそうです。

そして、「なぜ、そんなに顔が輝いているの？」と尋ねてみたら、「今までは人の言葉で傷ついたダメージが、顔に蓄積していたんだと思います」という的確な答えが返ってきました。彼女は身体の中心ラインを意識することで、本来の美しい姿を取り戻したのです。

07 心の距離感がうまく取れると、こんなメリットがある！

私と同じ年の男性で、いつも「人との距離感の取り方がうまいな」と感心させられる知人がいました。Aさんです。

私はその場にいる人に気を使って、自分の職場の問題など余計なことを話してしまうのですが、Aさんは周りに気を使いすぎてしまったり、余計なことを話したりしてしまうイタい感じがないんです。

「あーあ、余計なことを言っちゃった！」と私が後悔しているときに、彼は堂々として見えます。

そして人の話を聞くときも、Aさんは相手に対して突っ込んだ質問をしません。私はつい、「興味のあるふりをして、話を聞いてあげなければ」と、余計な質問をしてしまいます。その質問で一瞬盛り上がるのですが、かえって話が長くなり、「質問しなきゃよかった」となることもあります。あるときは、私の質問が的外れだったようで、白けた空気がただよってしまい、「しまった！」と悔しい思いをしました。

せっかく、こちらが気を使って質問をしているんだから、軽く流してくれればいいのではと思うのですが、なぜか私が悪いことをしたような空気になり、申し訳ない気持ちになってしまうんです。

Aさんは、「余計な質問はしない」と決めているわけではないようです。でも、**余計なことを聞かれないので、相手も「Aさんと一緒にいると楽かも」**と思えるのです。

上手に距離感を取れる人は、尊敬される

ではAさんと私とでは何が違ったのかというと、「彼には中心ラインがしっかりある」ということでした。

当時の私は、相手の立場になって物ごとを考えてしまうので、中心ラインがブレブレ。だからすぐに相手の気持ちを考えすぎて、相手に振り回されてしまっていました。

Aさんは中心ラインがしっかりしているので、軸がぶれず、不安にならない。自動的に周りの人たちと適度な距離感が取れて、**みんなから尊敬される雰囲気になっていた**のです。

「適度な距離感が取れるとみんなから尊敬されるんだ」と、Aさんを見ていてびっくりしました。それまで私は、相手に気を使うからこそ、「相手を尊敬すること

になり、相手からも尊敬されることになる」と思っていたのです。実際は、ちっともそんなことはありませんでしたけれど……。

自分の中心ラインをしっかり感じ、相手とほどよい距離感を取れば、相手を尊敬している気持ちが伝わり、相手も尊敬してくれるというメリットが生まれます。

人から尊敬されるには、人に気を使うのではなく、自分の中心ラインを感じるだけでいいということを、私はAさんから学びました。

こうなると、長年、人に気を使ってき

たことは間違いだったのかと反省したくなるのですが、自分の中心ラインを感じていると、それすらも「あれがあったから今がある」と思えるようになります。

そう、自分の中心ラインがしっかりわかるようになると、**過去の自分とも適切な距離感が取れるようになる**んです。自分にダメ出しをして余計なダメージを受けることもなくなります。

中心ラインがしっかりしていると不安がなくなり、堂々としていられるようになります。だから、Ａさんはいつもエネルギーに満ちていたんです。人との距離感の取り方がうまい人って、こんな仕組みになっているんだと感心しました。

第1章のまとめ

- 相手の気持ちにとらわれないように、他人との境界線を引く。
- 人との心地よい距離感は個人によってそれぞれ違う。
- 相手との心の距離感が近すぎると、コミュニケーションがうまくいかなくなる。
- 「距離感の違う人」とは、自分から距離を取ればいい。
- 自分の人生の主役は、自分だという自覚を持つ。
- 身体の中心ラインを意識すれば、他人に振り回されない。
- ほどよい距離感を取れる人は、みんなから尊敬される。

第2章

こんな人に悩まされていない!? あなたを狙う6タイプ

あなたを苦しめる
6つのタイプの人への対応策です

あなたの心を疲れさせる6タイプ

図々しい人たち

対策は p62

- □ 世界は自分中心に回っているような振る舞いをする
- □ 人の気持ちがわからない
- □ 弱者の意識が強い

ハラスメントしてくる下品な人たち

対策は p68

- □ プライベートなことをズケズケと聞いてくる
- □ 女性を品定めするような発言をする
- □ 家族のように距離感が近い

マウンティングしてくる人たち

対策は p74

- □ 自分のほうが上だと決めつけてくる
- □ 本当は小心者
- □ こちらが気を使うほど、マウンティングしてくる

あなたの周りにいないか、今すぐチェック!!

愚痴っぽくて悩んでいる人たち

対策は p80

- □ いつも同じことを愚痴っている
- □ 人の意見を聞いているようで聞いていない
- □ 家族のような親密感を求めてくる

落ち込んで苦しんでいる人たち

対策は p85

- □ 八つ当たりしてくる
- □ すぐ人のせいにする
- □ せっかく声をかけても拒絶する

ひとりぼっちでいる孤独な人たち

対策は p91

- □ 消極的で、何ごとも受け身
- □ いつも楽しそうではない
- □ 感謝の気持ちがない

01
図々しい人をかわす方法

図々しい人は、まるで**自分中心に世界が回っている**かのように行動しますが、本人にその自覚はまったくありません。

私がアメリカ留学していたとき。日本人の転校生が「電話を貸して」と言うので快く貸してあげました。すると、国際電話を長時間かけて、電話料金も払わず、そのままほかの学校へと転校していきました。私が貧乏な学生だとわかっていたはずなのに、おかまいなし。私の気持ちなど、一切考えている様子はありませんでした。

また、ある人に辞書を貸したら、そのまま返ってこなかったこともありました。図々しい人って、「返してもらえなかったら、相手がどんな気持ちになるのか」ということはあまり考えないようです。

自分は弱者だから何をやっても許される

「自分は人より偉い」と勘違いして、図々しい態度になってしまうという見解が一般的ですが、私が思うに、**図々しい人の心は「自分は弱くてかわいそうな人間だから、強者である相手には何をしてもい**

い」という仕組みになっているのではないでしょうか。

たとえば、中高年の女性が人を押しのけて電車の座席に座るのは、「自分は若い人より体力的に劣っている弱い人間」という認識があるから。「なんで体力のない私が、みんなと同じように並ばなきゃならないの」と思っているのかもしれません。

同様に、人の食べ物を横からひょいとつまんでしまう図々しい人は、「あなたはいつもおいしいものを食べているんだから、私がもらって当然」と思っているのかも。給料の話や恋愛などプライベートなことをズケズケと聞いてくる図々しい人は、「私は無邪気な弱い立場の人間なんだから、答えてくれて当然」と思っているのではないでしょうか。

裕福で恵まれた家庭で育っていても図々しい人はいます。そんな人は、「私は両親が忙しくて、あなたみたいに親から愛情深く育ててもらえなかったのだから、みんなから優しくしてもらって当然」と考えているのかもしれません。

相手のことを助けたいと思う人が、図々しい人に捕まる！

図々しい人に悩まされる人は、「他人のことをかわいそうと思ってしまう」タイプ。人との心の距離感が近く、相手の立場になって物ごとを考えてしまうので、つい相手を助けてあげようとしてしまうんです。

ただ、相手をかわいそうと思った時点で、「自分が強者で相手が弱者」という上下関係が出来上がってしまいます。きちんと列に並ばないような人が相手のときは、「私が正しい人で相手が間違っている人」という上下関係に。図々しい人はその上下関係を利用して、「私は弱い人間だから」と傍若無人《ぼうじゃくぶじん》なことをあなたに言ってくるのです。

世の中には図々しい人に悩まされない人もいます。それは、子どものころに**親**

から**「子ども」として育ててもらった**という経験のある人たちです。要するに、子どもという弱者として、**強者の親に守ってもらうという体験を十分にしていると、他人のことを見てもかわいそうとは思わなくなる**んです。

一方、子どものころに親から守ってもらえなかったという人は、図々しい人を、**親から守ってもらえなかった幼少期の自分と重ねてしまいます。**だから、図々しい人に何もできずに我慢してしまう。

そして同時に、彼らに怒りを覚えるのは、相手の図々しさに対してではなく、「私が子どものころは、あんなふうに無邪気にわがままに振る舞えなかった」という怒りです。

でも自分自身ではそのことに気づいていないので、「いつまでも図々しい人のことが頭から離れない」と、怒りが処理できずにいるのです。

子どものころの自分と相手を重ねて、距離感が近くなっている

この図々しい人のことが気になってしまう人は、子どものころの自分と相手を重ねてしまい、「心の距離感が近い！」となっています。

もし、図々しい人が気になってしまったら、「**自分と重ねてしまっている**」と思うと、図々しい人との間に距離感ができて、気にならなくなります。

気にならなくなれば、「上下関係」が成立しないので、自然と図々しい人から被害を受けなくなります。

02

ハラスメントしてくる下品な人をかわす方法

職場の女性上司が「なんで早く結婚しないの?」「どうして彼氏を作らないの?」「出産の適齢期が迫っているんじゃない?」など、プライベートなことをズケズケと聞いてくることはありませんか? たとえ同性であっても、それがセクシャルハラスメントになっていることを自覚できない上司に嫌気がさして、職場に行きたくなくなってしまいそうです。上司は、「親身になってあなたのことを考えている」というニュアンスなのですが、職場でそんな話をされること自体が嫌がらせとしか思えません。

また、男性の仕事相手が、女性の容姿に関して下品な発言をしてくると、それだけで気分が悪くなります。自分なりに、「そんな話は不快です」という表情をしてみても、さらに卑猥《ひわい》な話をしてくることも。そんなことがあると、「私に力がないから、なめられて下品な話をされる」と、みじめな気持ちになってしまうかもしれません。

こういう場合、**被害を受ける人に問題があるわけではありません**。でも被害者にしてみると、相手が人を見て態度を変えているように思えるので、「どうして

私に対してだけ、そんな下品な話をするんだ」と怒りがわいてきます。かといって、「気分が悪いので、そういう話はやめていただけませんか?」とはっきり伝えると、かえって相手から嫌がらせをされたり、場の空気が読めないダメな人というレッテルをはられてしまうこともあります。

ハラスメントを受ける人と、受けない人の差ってなんなのでしょうか。

家族と他人を重ねて見ている可能性が……

ハラスメントの被害を受ける人の特徴として、「家族に下品な人がいる」ということがあったりします。

家族の中に、レストランで怒鳴ったり、知らない人に平気で声をかけたりするなど、一緒にいると恥ずかしい人がいて、そんな家族を軽蔑している。すると、同じように下品な人のニオイがすると、「親と一緒だ……」などと、相手を軽蔑するようになります。軽蔑するという態度は、相手と距離感を取るためにしているのですが、**家族と一緒と感じた時点で、すでに「心の距離感が近い！」**のです。

下品な人のほうは、まるで気遣いや遠慮が必要のない家族と接しているようにズケズケと不快なことを言ってきます。すると、被害を受けた人はますます家族と一緒に思えて軽蔑する。するとさらに相手は家族のように不快なことを次から次へと言ってきます。

軽蔑すればするほど、相手はこちらを家族のように感じて、他人なのに適切な境界線が保てなくなり、下品な発言が止まらなくなるのです。

相手を「赤の他人」と思うことで距離感が保てる

そんな下品な人に不快な思いをしている人は、「わ、下品なことを言ってきた」

となった瞬間に「赤の他人」と心の中で思ってみると、おもしろいことが起きます。相手に対する興味がまったくなくなり、不快感からくる緊張が身体から抜けていきます。ただ、おかしな人を眺めているような感覚になります。

これまで、いくら軽蔑したような態度をとっても、下品な発言をやめてくれなかったのに、「赤の他人」と思っただけで、「あれ、もう終わり?」というくらいに、相手は発言をやめてくれます。相手との距離感を適切に保てるようになると、下品な人から自由になれるんです。

他人とのいい関係を保つには冷たいくらいの距離感がちょうどいい

そんなことを、上司からセクハラ被害を受けていた女性に話してみました。実は彼女の母親も下品なことをズケズケと言う人で、電話がかかってくるたびに、「話をするのが嫌だ」と不快感でいっぱいになっていたそうです。自分の母親と上司を重ねて見ていたことに気づいてからは、上司のことを「赤の他人」と思って距離感をあけられるように。すると、職場にいても不快感がなくなり、解放されました。

「そりゃあ、母親と同じ職場だったら、ものすごく嫌ですよね」と、彼女。上司が視界に入るたびに「赤の他人」と唱えていたら、上司の態度が冷たくなった気がして、ちょっと不安になったそうです。そんなときも「赤の他人」と唱えれば、**「この冷たいくらいの距離感がちょうどいいんだ」**ということがわかって、安心できるようになりました。

冷たいくらいの距離感なら、上司は仕事の指示だけして、下品な発言を一切しなくなります。**「赤の他人」と唱えて距離感を保つのは、とても大切**なことなんです。

03 マウンティングしてくる人をかわす方法

人に自慢話をされたり、上から目線でアドバイスされたりして、嫌な気持ちになることはありませんか？　相手は「ただ自慢したいだけ」なのかもしれませんが、見下されたようで、あとから思い出すだけで気分が悪くなります。ものすごく悔しくもあるし、そんなことを感じる自分もみじめです。

「そんな人、相手にしなければいいのに」とは思うのですが、会うと「その靴、どこのメーカー？」「いい靴だけど、ちょっと服と合っていないんじゃない？」とか言われるので、「そうなのかな?」と自分のセンスの悪さを反省してしまったりします。そして、やっぱりあとになってから、「なんであんなこと言われなきゃならないの……」と怒りがこみ上げてくるのです。

「自分が下」という気持ちを打ち消すためにマウンティングする

マウンティングは、偉そうな態度をしたり、上から目線でアドバイスをしたり、自慢話をすることで、「自分のほうが上」

ということを相手に示すためにとる言動です。

わざわざ自分のほうが上という態度を示すのは、実は**相手の中に「自分のほうが下」という気持ちがある**から。そのみじめな気持ちを打ち消すために、自分のほうが上だということを周りに知らしめなければいられないのです。

「相手の気持ちを考えてしまう人」がマウンティングされる

他人にマウンティングされてしまう人は、「相手の気持ちを考えてしまう人」です。ちょっとした態度から、相手の気持ちがわかってしまい、気を使ってしまうのです。

ところが、優しくしているつもりなのに、相手は「私のほうが上!」というアピールを始めます。相手への哀れみが逆に相手の傲慢さを増長し、どんどんマウンティングがひどくなってしまいます。

これはペットとの関係と一緒だと思います。「このワンちゃんかわいそう」とペットを慮《おもんばか》ると、ペットは飼い主に対して「僕のほうが上」と、吠えたり噛みついてきたりすることも。そこで、「かまってほしいのね」と、犬の気持ちを勝手にくみ取ってしまうと、犬はますますエスカレートして、近所の人にも吠えたり噛みついたりします。

そんなペットに「ダメでしょ!」と、言葉で叱ってもあまり効果はありません。叱れば叱るほど、ますますいうことを聞かなくなります。

こういうときには「さびしそう」「かわいそう」とペットの気持ちを勝手に考えるのではなくて、**好ましくない行動をしたときは無視する**という断固とした態度が必要になります。

そして、いい子にしているときに褒めてあげると、適切な上下関係が出来上がり、ちゃんと落ち着くようになるんです。

「ペットと同じ距離感」になっている可能性が……

そんなことを考えてみると、**マウンティングをしてくる人とこちらが「ペットと同じ距離感」になっているために、「心の距離感が近い！」**ということになります。

そういうときは、「マウンティングをしてくる人のしつけをしたいの？」と自問してみましょう。「そんな面倒くさいことはしたくない」となるはず。なぜなら、相手は自分のペットじゃないのですから。

マウンティングをしてくる人がいたら、心の中で「この人は**私のペットじゃない！**」と叫んでみましょう。

気を使って心の距離感を縮めてしまうと、どんどんマウンティングがひどくなります。でも、「私のペットじゃない！」と心の中で唱えれば、マウンティングをしてくる相手と自動的に適切な心の距離感が取れるようになり、相手が吠えていてもぜんぜん気にならなくなります。

ほかの家の犬が吠えていても、「しつけがなってないな」ぐらいで、通り過ぎることができるのと同じ現象です。

相手も**「相手にされない」と感じると、マウンティングをしてこなくなり、しだいにターゲットが変わります。**相手と適切に心の距離感をあけることで、不快なマウンティングから自由になり、相手のマウンティングで力を奪われることがなくなるでしょう。

04

愚痴っぽくて悩んでいる人をかわす方法

上司のことで悩んでいる友人の話を聞いたら、「どうしたらいいんだろう?」と真剣に考えてアドバイスをしていませんか? ところが、次に会ったとき、「あれ、私のアドバイスをまったく聞いていない」ということがあります。なぜなら、相手が同じ愚痴を繰り返しているから。親身になって聞いたのに、「なんで?」とガクッときてしまいます。

もしかしたら、「自分の聞き方が悪かったのかもしれない」と思い、今度はさらに真剣に聞くようになります。そして「こんな方法はどう?」と、いろいろ提案してみます。相手は「それだったらいけるかも」と、喜んで帰ったはず……。でもやっぱり、こちらの意見を実行しようとしません。

　今度はひたすら聞き役に徹してみますが、聞いているだけでも疲れてきます。適当に聞き流そうとしても、相手の悩みで感情が振り回されて、だんだん苦しくなってくるのです。

無視できないのは相手に家族を重ねてしまうから

「なんでこんなに親身になってしまう

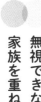

のだろう?」と考えたときに、私の場合、「家族が悩んでいるときに、なんとかしてあげたいと思っていたからだ」ということに気がつきました。

私の体験ですが、子どものころ、母親から父親の会社がうまくいっていないという話をされて、「なんとかしてあげたい」といろいろなアイデアを考えました。

そして、父親に「仕事ができない人は雇わないほうがいいんじゃない?」と話したら、「子どものくせに、生意気なことを言うんじゃない!」と怒鳴られてしまいました。おまけに、「余計なことばかり考えて、ちっとも勉強してないじゃないか!」と、言われて悔しい思いをしました。そのことが関係しているのかもと思い至ったのです。そのときと状況がよく似ていたから……。

悩みを解決する方法を考えても、会社の赤字はふくらみ、家の経済状態が悪くなり、家族の緊張感が高まっていきました。私は「なんとかしなきゃ」と、勉強そっちのけで、いつも父親の会社のことをグルグルと考えていました。でも、私の考えなんて受け入れてもらえず、ただ父の悩んでいる姿を見続けるだけでした。それだけでなく母親と姑の問題、近所の人たちとのトラブルなどの悩みを聞かされて、私なりに解決方法を考えても、ちっとも状況が変わらない家族を、私は子どものころずっと見てきました。

あなたが、悩んでいる人の話を「他人事」として聞けないのは、過去の家族の姿を、いつの間にか相手の中に見てしまうからなんです。そうなると「心の距離感が近すぎる！」ということになります。

実は悩んでいるほうも、アドバイスを求めながら、「家族のアドバイスになんか従わない」と思っているのです。他人の意見だったら素直に聞き入れられても、**家族からのアドバイスだと一気に価値が下がってしまう**ものです。それが一番いい方法とわかっていても、あえて従いたくなくなっているのです。

でも悩んでいる人は、他人に**家族みたいな親密感を求めがち**なので、悩みを話すことが止まりません。

「家族じゃない」と唱えると、相手も自分で問題を解決できるように

そんな悩みを話してくる人に対しては、心の中で「家族じゃない！」と叫んでみると、おもしろいことが起きます。それまでダラダラと悩みや愚痴を話していた相手が、早めに話を切り上げるようになります。

さらに「家族じゃない！」と唱えてみると、相手は「あ、こうすればいいんだ」と、以前こちらがアドバイスしたことをまるで自分の意見のように話し始めて、適切に問題に対応できるようになります。

相手と適切な距離感を保つことで、余計な悩みや愚痴を聞くことがなくなり、相手も自分で悩みを解決できるように変わっていけるんです。

05

落ち込んで苦しんでいる人をかわす方法

苦しんでいる人に振り回されるというのは、おかしな話なのですが、私はそれをたくさん経験してきました。

「あの人、苦しんでいてかわいそう」「なんとかしてあげたい」と思って声をかけたら、「放っておいてよ！」と逆ギレされ、「余計なことをしちゃった」と逆に落ち込んだことも。落ち込んでいる人に声をかけたら「お前のせいだ！」と八つ当たりをされたことも何度もありました。

それにもかかわらず、放っておくことができないのです。

苦しんでいる人を「自分には関係ないから」と放置してしまったら、ものすごく悪いことをしている感覚になり、逆に自分が苦しくなるのです。

そうやって罪悪感に苦しむぐらいだったら、なんとかしてあげたほうがいいと思って声をかけます。

でも、結局は不快な思いをして、精神的にダメージを受けてしまい、それを引きずってしまうのです。

苦しんでいる人が母親に見えてしまう

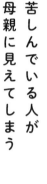

苦しんでいる人に振り回されてしまうのは、「母親の苦しんでいる姿を見てきた人」なんです。幼いころ、調子が悪くて苦しそうにしている母親をなんとかしてあげたくて、「どうしたの？」と声をかけたら「あなたのせいよ！」と言わんばかりに、怒鳴られた経験のある人はいませんか？

怒られるんだったら、母親に近づかなければいいのにと思うのです。でも、幼い純粋な子どもは、母親が苦しんでいる原因を、**自分のせいで苦しんでいるのかも**と、自分の中に見いだしてしまうんです。

それは、母親が出産をしているときにさかのぼるのかもしれません。難産だったりすると、苦しむ母親とへその緒でつながっている子どもは、「自分が早く出ないせいで母親が苦しんでいる」と罪悪感にさいなまれてしまいます。そのときの体験が心の傷となって、苦しんでいる人を見ると、「自分がなんとかしなきゃ！」と、相手を助けたくなってしまうんです。

でも、へその緒がつながったような近い距離感で、苦しんでいる相手に声をかけても、親密すぎて「気持ち悪い！」と拒絶されてしまうだけです。……まあ、そりゃそうだよねと思います。へその緒がつながったような距離感なんて、赤ちゃんと母親くらい一心同体。「心の距離感が近すぎ」なんてものじゃありません。

でも、へその緒でつながるレベルくらい親身になってしまう側としては、「気持ち悪い」と言われれば、正直、傷つくわけです。

少し話はそれますが、苦しんでいる人を見ると、その人とつながって、「今度こそ母親を助けなければ」と、自分の内なる母親を助けようとするのは、美談のように聞こえます。でも**子どもが苦しみを請け負うことで、母親が母親としての自覚が持てなくなる**という結果になるのです。

母親の自覚がないから、弱者である子どもを守ることができなくなり、子どもは親という強者に守られなかった子どもになります。そういう子どもは成長しても、人間関係でさまざまな問題を抱えがちです。

苦しみを返せば、相手は苦しみを糧に成長できる

だから、苦しんでいる人を見たら、**「苦しみは相手のもの」**と心の中で唱えてみましょう。「苦しみは相手のもの」と相手に苦しみを返してあげることで、**相手はその苦しみを糧《かて》に成長していき、やがて幸せな方向へ飛んでいけると信じられるようになる**のです。

苦しみから解放された相手とは、適度な距離感を保てるようになります。それまでは親身になるほど拒絶されたり、蔑《さげす》まれたりすることの繰り返しでした。それが、対等な関係でやり取りができ、お互いに刺激し合って、ともに幸せの方向へと成長することができるようになります。

そんなことを、困っている女性に親身になるたびに痛い目にあっていた男性に

話してみたら、「〝苦しみは相手のもの〟ってかっこいいですね！」と、気に入ってくれました。そして、苦しんでいる女性を見るたびに「苦しみは相手のもの」と唱えてみたら、「自分は余計なことをしなくても大丈夫なんだ」と、わかってきたそうです。

おまけに、その男性は周りの女性から「雰囲気が優しくなった」と、チヤホヤされるようになったというから不思議です。「今まで、相手の気持ちになって助けてあげるのが優しさだと思っていましたが、それは違っていたんですね」……。

その話を聞いて、近すぎる距離感が解消されたことを、女性たちが敏感に感じ取ったんだろうなと感心したのでした。

06

ひとりぼっちでいる孤独な人をかわす方法

ひとりぼっちでいる孤独な人を見るとどうしても放っておけなくて、近寄って声をかけてあげたくなってしまいます。本当は自分も仲間と一緒にワイワイと楽しみたい。でも誰も孤独な人に近寄らないので、「自分がなんとかしてあげなきゃ」と思ってしまう、そんな経験はありませんか?

でも、せっかく話しかけても、孤独な人は受け身なので、話が途切れてしまいます。話が途切れてしまうと「自分がいけなかったのかな?」と反省して、さらに「なんとかしなきゃ」と孤独な人を盛り上げようとします。でも、相手はちっとも楽しそうじゃないし、こちらも楽しくない。楽しい人と一緒にいたほうが、もっと充実した時間を過ごせるのだけれど、どうしても見捨てることができません。そして、一緒にいるうちに、なんだか相手の責任を自分が負わなければいけないような気持ちになって、必要以上につくしてしまいます。

でも、相手からはなんの感謝もされず、不快になることばかり。自分の時間を無駄にしているような、虚しい気持ちになってしまうのです。

孤独な人に孤独な自分を投影してしまう

「孤独な人」に引っかかってしまうタイプの人は、ものすごく優しい人。なぜなら、自分が楽しむことを犠牲にしてまで相手のためになろうとしてしまうから。**ほかの人よりも、人の気持ちがよくわかるという才能があります。**

ただ、自分の気持ちを抑えてしまうので、**誰よりも孤独を感じてしまいます。**ものすごく優しい人は、一見、孤独には見えません。むしろ、人と一緒に楽しめる人という認識を持たれていて、それも「やっぱりわかってもらえない」という孤独につながります。

人と一緒にいて楽しんでいても、誰よりも気を使っていて、その気遣いは誰にも理解されないわけですから、孤独なんです。孤独な人に引っかかってしまう人は、**自分の孤独を孤独な人に映し出してしまい、なんとかしてあげなければと離**

れられなくなっている可能性があります。

孤独な人と、それに引っかかってしまう人は、一見、まったく違うタイプなので、自分の孤独を相手に映し出しているなんてことにはまったく気がつきません。でも、実は「孤独な人」と一体になっていて、**自分を見捨てることができない状態**になっているんです。

「孤独は誰のものでもない」とわかると、自分らしく生きられる

孤独な人から離れられなくなってしまったときは、**「孤独は誰のものでもない」**と唱えてみましょう。すると、「なんで、この人の孤独を解消してあげようと思っていたんだろう?」と気づくでしょう。

楽しそうにしている人たちも孤独を感じていることがあります。楽しそうにしていればいるほど、自分の孤独が誰にもわかってもらえないという孤独感にさい

なまれます。だから「孤独は誰のものでもない」んです。そう唱えることで、相手から自分を切り離して見られるようになり、「孤独は誰のものでもない」と思えるようになります。

そう思えるようになると、**自然と孤独な人から手を放して、自分らしい生き方を探せる**ようになります。自分らしい生き方ができるようになると、孤独な人のせいで貴重な時間を奪われていたという後悔が襲ってきたりします。

そんなときも「孤独は誰のものでもない」という言葉を唱えてみましょう。不思議と、その後悔に足を引っ張られなくなり、前を向いて、自分が一番楽しめる方向へと進んでいけるようになります。

第②章のまとめ

- 図々しい人には、「自分と重ねてしまっている」と思えば、気にならなくなる。
- 下品な人には、「赤の他人」と思えば、ちょうどよい距離感になる。
- マウンティングしてくる人には、「私のペットじゃない」と唱えれば、相手から自由になれる。
- 愚痴っぽい人には、心の中で「家族じゃない」と叫ぶと、早めに話を切り上げてくれる。
- 苦しんでいる人には、「苦しみは相手のもの」と唱えると、対等な関係になれる。
- 孤独な人には、「孤独は誰のものでもない」と唱えれば、相手から自分を切り離すことができる。

第3章

シチュエーション別 他人の言動に傷つかない方法

悩みを抱えたときには、
こんな解決方法を参考に！

01

完璧に書類を仕上げようとしているのに、職場の上司はやたらとダメ出ししてきて耐えられない。もうこんな会社辞めたい！

職場で、上司から頼まれた書類を言われたとおりに作成しているつもりなのに、「よくやってくれた！」と褒められるどころか、ダメ出しばかり。文字の使い方や、綿密に練った企画書にも細かいダメ出しをしてきて、「えー、そこ？」となってしまいます。

それなのに、ほかの人たちのざっくりとした書類には、ほとんど目を通さないでOKを出しています。こっちは時間をかけて完璧に仕上げたつもりだったのに……。

重箱の隅をつつくように、毎回ダメ出しをされて、「もうこんな上司がいる会社は辞めたい！」と思ってしまいます。

テレビは時代とともにどんどん進化しています。なので4Kや8Kの画像の美しさにびっくりします。でも問題は、きめが細かい画像になればなるほど、役者さんたちの毛穴など細かいところまで見えるということ。つい、「あの人、肌のお手入れがなってないんじゃない」とダメ出しをしてしまいます。かっこいいアイドルがドラマに出てきても、「目尻のシワがすごいな」と、

余計なことが気になってしまい、肝心のドラマに集中できなくなってしまったりします。

テレビがブラウン管だったころは、画素が粗くて、テレビに近寄ると目がチカチカするので、遠い場所から離れて見ていました。離れて見ているから役者さんの細かいところがぜんぜん気になりません。ドラマに集中して、「ワハハ！」と楽しむことができていたんです。

細かいところまでダメ出しするのは、距離感が近いから

要するにきめが細かい画像は、完璧にやろうとしてしまう人の仕事と同じです。きれいにいろんなことが見えてしまうので、上司がどんどん近寄ってきて、細かいところまでチェックすることになります。

そうやって近寄れば近寄るほど、家族のような距離感になっていきます。だい

たい、家族の距離感の特徴は、ちっとも相手を褒めなくなること。「この子の将来のことを考えて」と、余計なことをしがちです。

他人だったら、「○○ちゃんはいい子ね」と褒めるのに、同じことを自分の子どもがすると「ダメじゃない」と否定してしまう。家族の距離感になると、**塩漬け（否定する）にしないと腐ってしまう**という、とんでもない勘違いをしがち。砂糖（褒める）をかけてしまうと、すぐに腐ってしまいそうで、「ダメ出しをしなければ！」となってしまうんです。

完璧を目指すのは、家族に褒めてもらいたいから

そんなふうに家族にダメ出しの塩漬けにされてきた人は、**家族から褒められたい一心で「完璧にやらなきゃ！」と、細かいところまで根《こん》をつめて仕事をしてしまう**ようになります。

上司に「褒められたい」と思うのは、知らないうちに**上司を親として見ている**からなのです。だから、上司との「心の距離感が近い！」ということに。上司が家族の距離感になってしまうと、上司も「ここがダメ！　そこもダメ！」とダメ出しをしてきます。

上司が家族の距離感で、自分の将来を心配してきたら、ちょっと気持ち悪くありませんか？　「いえいえ、上司は他人ですから！」と気づいたら、「完璧にやろうとするほど上司との距離感が近くなるから、完璧を目指さなくてもいいのね」と、４Ｋからブラウン管のざっくりとした画面に切り替えてみましょう。

普通に仕事をしているうちに、「上司がみんなと同じように扱ってくれるようになった」と感じるようになるでしょう。

そんなとき、あんなに嫌だった上司からのダメ出しなのに、自分が特別扱いされていないようでさびしく感じることがあります。そういうことからも、**自分は完璧に仕事をして、家族に褒められたかったんだ**ということがわかってきます。

家族のように距離感が近づくほどダメ出しされるのに、その家族から褒められたいと思っていたんだという矛盾に気づくと、なんだかすっきりして、上司とほどよい距離感を取れるようになります。

上司から何を言われても、**「他人ですから！」**と思えば、ダメージがまったくありません。「自分のことを何も知らない他人から、何を言われても関係ないよね」と思えて、**会社での人間関係を、昔のブラウン管のテレビで見るドラマのように、すべて他人事として楽しめる**ようになります。

02

人見知りで、ママ友の輪になかなか入れない。それなのに子ども会の役員をやることに。私にはとても無理！

子どものころから人と話すのが苦手で、今もママ友の輪にも入ることができません。みんなはすぐに知り合いと楽しそうに話をしているのに、自分はそこに入っていけないから、ポツンとひとりになってしまって、とってもみじめな気分。ところが、こんな私が、いきなり子ども会の役員に選ばれてしまったんです。とても恐ろしくて、「私にはそんなことは無理！」と逃げ出したくなってしまいます。

子どものころは虫を見つけると、「あ、虫だ！」と平気で手づかみしていました。カエルだってさわれたし、釣りに行ったらミミズだってつかんでいたはずです。

ところが、今は虫を見かけると「うわーっ！」と逃げ出したくなります。カエルを見ると、まるで恐ろしいものが飛び跳ねているように感じて、「こっちへ来ないで！」と情けない気持ちになってしまいます。雨上がりの道をジョギングしていてミミズが道にはい出てくると、思いっきり飛び上がり、見ないようにしてダッシュで逃げたりします。「なんでおびえるようになっちゃったんだろう？」と、自分でも不思議です。

あるとき、京都大学の「引きこもりマウスの実験」という研究を知りました。
引きこもりをすればするほど、脳内のｍＤｉａ《エムディア》というタンパク質が増えていき、ますます外に出るのが不安になるのだそうです。だからｍＤｉａのタンパク質を除去してしまえば、不安を感じなくなるという研究結果でした。

私たちは大人になって、長年、虫をさわることもなく、カエルにもミミズにも近寄ることがほとんどなくなっていました。

それって、引きこもり状態といえるのかもしれません。だから、**どんどん不安のタンパク質が脳内に増えていく**のではないでしょうか。

家族と心の距離感が近いほど、他人と心の距離感が遠くなる

そう考えると、「人としゃべるのが苦手でママ友の輪に入れない」という人は、

ずっと家族の輪に引きこもっていたために、外の人との距離感があきすぎていて、「不安のタンパク質がどんどん脳内にたまっている」状態といえます。

なんでも家族に相談したりして家族との距離感が近ければ近いほど、それ以外の人との距離感が遠くなって、しばらく虫をさわっていないのと同じような状態になるのです。他人に対する脳内の不安なタンパク質が増えてしまい、「自分はその輪の中に入れない」という不安が増し、ますます距離感があいていきます。

実はそうやって**距離感をあけるほど、他人は「仲間に入れてあげなきゃ！」という余計なことを思う**ようになります。

近くにいたら「仲間に入れてあげなきゃ」なんて思わないのに、距離感があくほど、「脳内の不安のタンパク質を減らしてあげなければ」という動物的な本能で、役割を与えて、仲間に引き入れようとするんです。

ママ友たちとの距離感を縮めるために、家族との距離感をあける

小学生のとき、引っ込み思案の子が先生から「学級委員をやってください」と指名されていたことがありましたが、それと一緒かもしれません。確かに役割があると輪に入る苦痛は軽減しますが、**家族との距離感が近い限り、ママ友との距離感は遠いまま**です。すると、ますますママ友たちが「仲間に入れてあげなきゃ」と変な本能を発揮して、面倒な役割を押しつけてきます。

それなら、**家族との距離感をあければいい**んです。なんでも家族に相談していたのをやめて、距離を置く。その段階で**「家族に相談したい」という気持ちが、時折、強烈に襲ってくるのが、密接な関係の証拠**です。それに耐えて、家族との距離感をあけ続けると、「ママ友との関係が苦痛じゃなくなった」という不思議な感覚を味わうことになります。

ママ友たちと適度な距離感で楽しめるようになると、なんで彼女たちのことが苦手だと思っていたんだろうと、びっくりしてしまいます。家族と親密になりすぎて、**精神的に引きこもっていた**んだなと気づくはずです。

「家族のことを鬱陶《うっとう》しいと感じていたの……」という人も、家族との距離感が近すぎることがあります。それは、引きこもりの子たちが感じている家族に対する気持ちと同じなのかも……。「嫌だ、嫌だ」と思うほど、距離感が近くなってしまうんですね。

家族との距離感をあけてみると、家族に対する不快な気持ちもだんだん薄れていきます。そして、他人との関係も楽しくなります。

バス停で、知らない人と平気でおしゃべりができるようになっていて、「私ってこんな人だったっけ?」と新しい発見をするかも。まるで子どものように、毎日が楽しくなってくるんです。

03

誰よりもがんばっているのに、周りの人はぜんぜんわかってくれない。きっと店長のAが、陰で私の足を引っ張っているに違いない……。

私は職場で誰よりもがんばっていて、一番仕事をしているはず。なのに、誰もわかってくれません。仕事の才能もあるはずなのに、ちっとも認められないのは、店長のAが自分に対して嫉妬をしているからに違いありません。こんなことを話したら、あきれられるかもしれませんが、店長が陰で足を引っ張っているんです、きっと。

私をわかってくれる人がいなくて、仕事に行くのがつらい……。

まず、なぜ、「誰よりもがんばって働かなければならないのか？」「優れた才能を発揮しなければいけないのか？」という疑問が浮かんできます。

それは人から認められたいからです。そして、**ありのままの自分では自分を愛してもらえないから、「優れていてすばらしい存在にならなければ」と思ってしまう**のかもしれません。

まさに私がそうでした。どんな仕事に対しても、人一倍、一生懸命に取り組んで努力してきました。そうしなければ自分が存在してはいけないような気持ちになるから

です。でも、自分ががんばればがんばるほど、周りから感謝されるどころか、逆に足を引っ張られるばかりで傷ついてきました。

よく考えてみると、「がんばればがんばるほど、嫉妬されて足を引っ張られる」ということがわかるのですが、がんばることを止められませんでした。100か0かで、努力できないのなら辞めてしまうということを繰り返してきたんです。

これは、**他人のことを「自分よりも上」に見てしまい、距離感が遠く離れていることが原因**です。「自分よりも上」ということは、**相手を神聖化していること**になります。相手を「神」と見るのは、要するに、**自分と同じ人間であるという認識が持てない**ということ。だから、それに追いつくために、「自分は優れていなければいけない」と思ってしまうんです。

さらに周りの人を神聖化してしまうと、**神様なら、自分の努力を見ていてくれて、認めてくれるのが当たり前**と思い込みがちです。なので、それが感じられないと拒否されたのではないかと傷つきます。自分に嫌がらせをする悪魔のような存在にしか見えなくなって、相手を敵視してしまうんです。

周りの人を自分と同じ人間と思えなくなってしまう原因は、「親との距離感が遠い」から。親に、優しく抱きしめてもらったり、褒めてもらったりしたことがなく、罰を与える存在でしかないと、親を神聖化してしまいます。

そして、神様（親）から罰を受けないようにと、いつもビクビクして顔色をうかがい、神様から愛されるために、優れた存在にならなければと努力しようとします。

「神聖化していた」と唱えると、相手が同じ人間だと思える

「みんな同じ人間」と思えないから、仲間に入ることもできません。さらに優れた人間を目指しているので、周りからすれば当然、嫉妬の対象になります。

こんなときには、**「自分は周りの人のことを神聖化していたんだ！」**と思ってみましょう。

でも、「私はあの人を神としてなんか見ていない。どちらかというと見下してきたはずだけれど」と思うかもしれません。

ところが、「あの人のことを神聖化していた」と心の中で唱えてみると、「だから、認めてくれないと怒りを感じていたんだ」と気づきます。そこには相手に何も期待しなくなっている自分がいます。

「親のことを神聖化していた」と気づいたときに、「あんなどんくさい親のことなんか、神と思っているわけがない」などと反発する気持ちもわきあがります。でも「神聖化していた」と心の中で唱えてみると、「だから、私のことをわかってくれないと怒っていたんだ」ということに気づきます。自分のすべてを受け止めて、理解してくれることを親に期待していたんです。

「神聖化していた」と気づくと、相手を同じ人間と思えるようになり、「そりゃ、自分の子どもでも、人のことなんかわからないよね」と思えるようになります。

そしてみんな同じ人間なんだとわかれば、上を目指すのではなく、人との横のつながりを感じるようになります。すると、**人と適度な距離感が取れる**かもというう新鮮な感覚を得られます。

これまでいくら努力をしても、受け入れてもらえなかった人との距離感が縮まって、**そのままの自分でいられる心地よい距離感**を取れるようになるんです。

04

LINEのママ友グループで、私がコメントをしても無視される。もしかして嫌われているのかも？　でも、このグループを抜けられない……。

LINEのママ友のグループで、私がコメントを書き込んでも、たびたび「え、無視ですか？」ということが。ほかの人の書き込みは盛り上がるのに、私に対しては一切それがなくて、「もしかしてみんなから嫌われているのかな」と、ものすごく傷つきます。

「もう、このグループから抜けよう」と何度か決心をするのだけれど、なぜか抜けることができません。書き込みをやめることもできなくて、定期的に嫌な

思いをして、苦しくなってしまうんです。

はたから見ると、「場の空気が読めないコメントを書くから無視されるのでは」とか、「自分に合わないグループだったら抜けちゃえばいいのに！」と、軽く考えてしまいます。

でも、こういった悩みを持つ人は、ほかのママ友たちの気持ちをよく考えて書いているし、決して空気が読めないわけでもありません。そして、いつもメンバーのことを考えているので、**メンバーに愛着がわいていて、切り離せなくなっているんです。**

子どもが捨てられた子犬を見つけて、「この犬はさびしい思いをしている」「お腹を

空かせているんだろう」と、勝手に子犬の気持ちを考えれば考えるほど愛着がわいてきてしまうのと同じです。子どもは、子犬との「心の距離感が近すぎる！」となり、子犬から離れられなくなります。親から反対されるのはわかっているのに、家に子犬を持ち帰って「飼っていい？」とお願いしてしまいます。

相手の目線になって、**相手の気持ちや状況を想像すればするほど、「愛着」となって相手とつながろうとしてしまいます。**家では子犬を飼えないことがわかって、子どもがショックを受けて泣きじゃくるのは、**愛着対象を切り離す苦痛を感じているから**です。たとえ短い時間しか接触していなくても、相手の立場や気持ちを考えれば考えるほど「愛着」というつながりができてしまって、切り離すことをものすごく苦痛に感じてしまうんです。

母親の代わりになる愛着対象を探してしまう

どうして、そこまで何かに愛着を感じてしまうのかというと、母親の胎内にいたときの感覚になってしまうから。相手を愛着対象にして切り離す苦しみを感じる人は、母親の胎内にいたときに、「お母さんが大変な思いをした」という体験があるんです。母親の大変な思いが、へその緒を伝わって、胎児に流れ込んできます。常に母親と一緒に苦しんできたので、**生まれてからも「お母さんの気持ちを考えることがやめられない」**のです。

母親の気持ちを考えれば考えるほど、お母さんの苦しみを身近で感じていた胎児の状態に戻るので、**お母さんから離れるのが怖い。**けれど成長とともに母親と離れなければならないので、母親の代わりになるような、「相手の気持ちを考えてつながる」という愛着対象を作るようになります。

そういう人は、相手の気持ちを考えて愛着対象にする→そこから離れると苦痛が増す、ということを繰り返します。

「相手とつながっている」と唱えると、相手への興味がなくなってくる

この**相手の気持ちを考えてつながってしまう人は、ママ友の気持ちを考えることで、「母親と胎児」の関係を作り出しています。**ママ友だったら適度な距離感が必要。なのに、まるでへその緒でつながっているような距離感を持ってしまうので、相手から「近い！」と距離を置かれてしまうのです。その距離を置かれたときに、切り離されてしまうという不安が起きて、「相手の気持ちを考えるのが止まらない」という愛着を抱くようになります。

相手の気持ちを想像して「嫌われているんじゃないか？」「相手にされていないのでは？」と不安や苦痛を覚えたら、「**相手とつながっている**」と心の中で唱えてみるとおもしろいことが起きます。

「相手とつながっている」というのは、すなわち「母親とへその緒でつながっている」ということ。すると、母親でもない他人と、「へその緒でつながるのは嫌！」と、相手のことを考えるのをやめるようになります。

「あの人とつながっている」と唱えれば、別にＬＩＮＥなんかどうでもよくなって、こまめにチェックすることもなくなります。

すると、ママ友のほうから、「一緒にランチに行かない？」と誘われて、これまでと立場が逆転。それは適度な距離感が保てるようになったからです。なんだ、**自分が嫌われていたんじゃなくて、相手との距離感が近すぎた**んだということに、「あのママ友とつながっている」と唱えることで気づきます。すると、どんどん人間関係が楽になっていきます。

05

女性の上司や同僚が、なぜか私を攻撃してくる。なんで？　みんな私に嫉妬しているんじゃないかしら。

みんなと仲良くやりたいと思っているのに、女性の上司や同僚が私を目の敵《かたき》にしてきます。ほかの人が私と同じことをしてもスルーするのに、私には思いっきり嫌な顔をして注意してくるんです。

ちゃんと報告をしているのに、理解しようともせずに、「あなたの説明はまどろっこしくてわかりにくい」と聞く耳を持ってくれません。「なんで私だけ？」という扱いをたびたび受けてしまいます。

こんなふうに感じてしまう人は、**よくも悪くも周りの人から注目の的になってしまうタイプ。**いろんなトラブルに巻き込まれて、「また、あの人だ！」と思われてしまいます。

本当は目立ちたくないし、誰とでも対等な人間関係を築きたいのに、変な人ばかりが近づいてきます。そして、相手が勝手に勘違いをして、不適切な関係を望んできたりすることも。周りの人にフレンドリーに接しているのが勘違いの元なのかなと反省するのだけれど、同じようなことがたびたび起きてしまう。それがまた、ほかの女性たちから嫌われてしまう原因にもなってし

まうんですね。

このタイプの人の距離感は**「周りにいる人は観客」という距離感。**よくも悪くも、いつも注目の的なので、いつの間にか「人は観客」という認識になっていて、**いつも相手の視線を意識して、行動したり発言したりします。**

「相手から見た自分は、どんなふうに見えるんだろう？」と意識しているから、いつの間にか**自分の感覚というものがなくなって、誰かを演じている**という感覚に。誰かを演じているから、一生懸命に話をしていても、自分自身の気持ちや感情が伴いません。だから「相手に伝わらない」「誤解されてしまう」ということになります。周りに自分の気持ちが伝わらなければ、ますます人の目を意識するように……。

そして女性たちからは嫌われ、ひどい扱いを受けて嫌な思いをすることを繰り返します。

素の自分のままでは周りは喜んでくれないという思い込み

周りの人の注目を集めてしまう人は、生まれたときに自分とは違う性別を望まれていたという体験があったりします。生まれたとき、手放しで喜ばれるはずなのに「あれ、なんで喜ばれないんだろう？」という感覚です。そうなると、自分の素のままでは周りは喜んでくれないと思い込み、**誰かを演じてみんなを喜ばせることが習慣になってしまう**んです。

けれど、誰かを演じて家族を喜ばせようとすると、父親は喜んでくれても、母親は別。母親は父親の注目を奪う自分に嫉妬して、能面のような顔を向けてきます。この母親から受ける嫉妬の不快感によって、自分は望まれて生まれてきたのではないという、生まれたときの感覚に引き戻されます。そして、ますます**誰かを演じて、喜ばせなければ**という気持ちにさせられてしまうんです。

意地悪をする女性の上司や同僚からの冷たい視線を、「母親の嫉妬」と同じように感じているんです。

逆説を利用して、「私は主役」と唱えてみる

このタイプの人は、**女性の上司や同僚から攻撃され、傷つきそうになったら、「私は主役」と頭の中で唱えてみましょう。**でも、「そう意識すると、ますます注目の的になって、攻撃されるのでは」と疑問に思うかもしれませんね。

実はこれは**「逆説」**という方法です。

「みんなは観客じゃなくて、自分と同じなんだよ」というのが一般的な意見ですが、そう言われると「そんなことわかっているよ！」という反発がわいてきます。なぜなら、動物には恒常性というシステムが備わっていて、環境が変化しても身体の状態を一定に保とうとします。だから、どちらかに傾こうとすると、「プラ

スマイナスゼロに戻す」という力が働きます。そのため、「あなたは間違っている」と断言されると、恒常性が働いて「私は正しい」という反発が起きることに。プラスマイナスゼロで、人間関係がぜんぜん変わらないということになってしまうんです。

そこで、**「私は主役」と頭の中で唱えると、反発する恒常性のシステムが働いて、「私は主役じゃなくてみんなと一緒なんだ」と気づきます。**するとみんなの前で演じている感覚がなくなってくるのです。これまではちっとも相手に気持ちが伝わらず、相手からも傷つくことを言われていたのに、**自分の感情でちゃんと自分を守れるようになります。**

さらに、周りの女性たちが近づいてきてくれて、「一緒にいて楽しいって、こういうことなんだ」と思えるように。「私は主役！」と頭の中で唱えてみると、周りの人と適切な距離感が取れるようになっていきます。

06

夫の意見や行動に、いつも振り回されている気がする。でも意見を聞かないと不安だし……。

子どものころから、いつも誰かの意見を聞かないと不安で、何をするにも誰かに相談してきました。結婚してからも、何ごとも夫に相談して進めようと思っていました。ところが夫はケチで、子どものことも「塾にそんなにお金をかける必要はない」と断言しています。「子どもの将来を考えてあげる必要があるんじゃないかな」と夫に意見をしても、「俺は自分でやってきた」と聞く耳を持とうとしません。私も自分のことなら我慢してきましたが、子どものことになって初めて「私って夫の意見に振り回されすぎ」と気づくようになりました。どうしたら夫の意見にひるんだり、傷ついたりしなくなるんでしょうか……。

私も同様に、誰かに意見を聞かないと何も決められないというときがありました。ちょっとでも反対意見があると「どうしよう」と不安になり、別な人にも相談して意見を求めてしまうのです。相手から「大丈夫」と言ってもらったり、しっかりとしたアドバイスがもらえないと、物ごとを決められませんでした。

なぜかと考えてみると、それは**自分ひと**

りで責任を負いたくないから。誰かを巻き添えにするとか、誰かのせいにしたいというわけではないけれど、「ひとりじゃ責任を負うのは無理」と思ってしまう。だから、ひとりで物ごとを決めることができなくて、いつも自信がないんです。

自信がないから、はっきり意見を言うこともできません。そして、相手に嫌われたくないので、気持ちを抑えてしまいます。

だから、人との関係では我慢ばかりして、嫌なことでも率先してやるようになってしまう。自分が我慢をして相手につくしているのだけれど、「いつかこの関係は終わってしまう」という不安が常にあるから、人との関係が落ち着きません。

誰かとの関係が切れてしまうと、誰でもいいから自分の味方になってくれる人を探すというパターンを繰り返していました。

誰かの意見を聞いて、人が近くにいてくれることを確認している

6歳ころまで、「親からちゃんと守ってもらえなかった人」がこんな感じになってしまうことがあります。

人間はほかの動物と違って身体が未熟のまま生まれてくるので、親から守られることが必要。その時期に親の精神状態に余裕がないと、子どもは「守ってもらえないかも」という恐怖を感じるようになります。自分が助けを求めても、近くに誰もいない恐怖。そして、たとえ近くに人がいても、「自分を守ってくれる人ではないかも」「自分を守ってくれる人との距離が遠すぎるかも」という恐怖を常に感じるようになるんです。

「人との距離が遠すぎ」というのは、ポツンと浮かぶ孤島にたったひとりだけいるような精神状態。相談したり頼ったりするときは、「そばに人がいるんだ」と感じられるので、それがやめられないのです。

常に人の意見を求めて、自分はひとりじゃない、ということを確認してしまうようになるんです。

「夫は頼りになる」と唱えると、周りの人が見えてくる

こんなタイプの人が相手の意見を聞かないと決められない状況になったときに、「夫は頼りになる」と心の中で断言してみましょう。

それまで意見を聞ける人しか「人間」として認識できなかったのが、「夫は頼りになる」と唱えると、反発する恒常性が働きます。夫は頼りにならないから、周りの人の存在に気づくようになります。すると、「私は子どもを塾に行かせたい！」と、夫の批判を恐れずに自分の意見を伝えることができるように。「夫の意見を聞かないで自分で決めても大丈夫！」と、いろんなことにチャレンジできるようになります。

そして、もし夫から批判されたとしても、「夫は頼りになる」と唱えてみると、批判がぜんぜん気にならなくなります。「独り言か」くらいに聞き流せます。自

分の気持ちのまま進めていくと、夫よりも自分のひらめきが優れていることがわかり、自信がついてきます。すると、むやみに誰かに意見を求めることもなくなり、**人間関係がどんどん広がり、周りにたくさんの人が集まってきます。**

「夫は頼りになる」というのは、**いつも意見を求めたくなる誰かに置き換えても大丈夫**です。「占い師は頼りになる」「母親は頼りになる」も有効です。人間関係の距離感が変わってきます。自分は孤島にいるのではなく、「みんな、自分の身近に存在しているんだ！」ということに気づきます。

07

つき合う彼は毎回ダメ男。男運がない⁉ 一生ハズレくじ人生なのだろうか……。

つき合う男性が、毎回「ちっとも働かない」「仕事よりも趣味を優先する」というダメ男ばかり。相手にお金を持ち逃げされることもたびたびです。普通の男性はちっとも近寄ってこないのに、ダメ男ばかりが近寄ってきます。そして見事にひどい思いをさせられて、捨てられることの繰り返しです。

たまに、少しまともな男性かなと思うと、なぜか相手を怒らせる言動をしてしまい、関係を自分でぶち壊してしまいます。そんなふうに苦しむのは嫌なのに、それがやめられません。

このタイプの人は、**チャンスが目の前にあるのに「なぜかハズレくじを引いてしまう」人たち**です。そして他人が親身になって相談にのってくれても、ぜんぜんアドバイスに従わずに、ぶち壊してしまいます。よい意見であればあるほど、聞こうとしません。どうしようもない意見ばかり採用して失敗し、よいアドバイスは無下《むげ》にしてしまうんです。

そして、**ちょっとでもいいことがあると、次の瞬間に、そのいいことをぶち壊すような行動をとってしまいます。**事故を起こし

たり、転んでけがをしたりして、「いいことがあると、やっぱり次の瞬間に悪いことがある」ということに。だから、何をしていても心からは楽しめません。

また、自分のことになるとちゃんとできなくて、どうでもいい他人事だと、なぜかやる気が出る。そうやって、いつも自己犠牲の精神で行動しているのに、誰からも感謝されません。

親切にしてくれたり、感謝してくれる人を遠ざけて、他人のことを利用するような人に近づいていくから、痛い目にあわされてしまうんです。

嫉妬が怖くて、不幸な選択をしてしまう

このタイプの人の距離感は「**自己犠牲**」。「自分が幸せになったら、誰かが不幸になる」という感覚があるから、自分が不幸を請け負えばいいと、不幸な選択を

してしまいます。

これって、すごく高尚なことのように見えますが、実はからくりがあるんです。それは**よい選択をすると嫉妬されると思っているから**。生まれてから6歳までに、この体験をすると「嫉妬が怖い」と植えつけられて、嫉妬されるくらいだったら不幸を選択するようになります。

よちよち歩きの赤ちゃんが上手に立つことができると、父親は「よくできたね！」と喜んでくれます。ところが、その後ろにいる母親の顔が嫉妬でゆがんでいる。それが怖くて泣いてしまうと、母親は泣いた自分を抱きしめてくれます。

そうやって怖い思いをしているので、嫉妬されるくらいだったら不幸を選択するようになり、自ら成功の道を選択できなくしてしまうんです。そして、むしろ**失敗して同情されるほうが、心地よい感覚になってしまい、あえて失敗を繰り返す**というパターンもあります。

ダメダメ人間になっていたほうが誰からも嫉妬されないので、物ごとがいい方向に進もうとすると、ぶち壊してしまうのです。本人にはその自覚が一切ないのですが……。

「人は私に憧れている」と唱えて、恐怖心を克服する

このタイプの人が「いつもダメな選択をしてしまう」と感じたら、**「人は私に憧れている」**と唱えてみましょう。「え、そんなことないです！」と、否定したくなるかもしれませんが、その気持ちを抑えて、呪文を唱えます。

人から楽しい場所に誘われたときも、楽しい人が近づいてきたときも「人は私に憧れている」と心の中で唱えてみると、**自己犠牲をしなくなった**と感じるようになり、みんなと一緒に楽しむことができるようになります。

もし、ふっと後ろめたくなったら、また呪文を唱える。人のことばかりで自分のことがちっともできないときも、呪文を唱える。すると自分のことをするのが

面倒くさくなくなるから不思議です。これまで、自分のことになると、あんなに期限を守ることができなかったのが、前倒しでできるようになり、ほかの人の仕事に興味がなくなります。

この「人は私に憧れている」というのも逆説です。「あなたは嫉妬を恐れていて、もう嫉妬を恐れる必要はない」というお説教だと、反発する恒常性のシステムが働いて変化に対抗するので「やっぱり嫉妬が怖い」となってしまいます。

「人は私に憧れている」と唱えたときの恒常性は、「人は私なんかに興味がない」。「興味がないから嫉妬されない」と、嫉妬の恐怖をスルーできるんです。

嫉妬って怖がれば怖がるほど起きるけれど、堂々としていれば、まったく嫉妬されなくなるから不思議です。「人は私に憧れている」の呪文で、みんなと対等な距離感が取れるようになります。

第3章のまとめ

- やたらとダメ出ししてくる上司の仕事は、完璧を目指さない。
- 他人との距離感を縮めるためには、家族との距離感をあける。
- みんな同じ人間だということに気づくと、上より横のつながりを感じることができる。
- 「相手とつながっている」と唱えると、相手への興味がなくなる。
- 「私は主役」と思えば、周りの人と適切な距離感が取れるようになる。
- 「○○さんは頼りになる」と思うと、自分の思うままに行動できるようになる。
- 「人は私に憧れている」と唱えると、嫉妬されることへの恐怖がなくなっていく。

第4章

主導権を握ろうとする相手を封じるテクニック

相手にマウンティングされない
方法を学びましょう

01

会話や行動で自分が主導権を握るには

以前、同窓会に行ったときのことです。当時のいじめっ子から、「お前、今はどんな仕事をしているんだ？」と聞かれて、「心理カウンセラー」と答えました。すると質問をしてきた男性の顔は能面のように。会話が止まって嫌な空気が流れました。まるで私がその場の空気を読まずに答えてしまったかのよう……。

私は、その場を白けさせた責任を取るために、「小さな個人のオフィスだから、たいしたことはないいんだけどね」と、わざと自分を小さく見せるようなことを言いました。すると、私の隣に座っていた女性が突然、「大嶋くんは、ちっとも勉強ができなかったよね。あんまり勉強ができなくてびっくりした！」と言い出したので、本当に驚きました。そして次の瞬間、「なんでこんなところに来ちゃったんだろう」と後悔したのです……。

自分のほうが上だと示す動物的な言動がマウンティング

この現象はとってもおもしろいんです。私が「心理カウンセラーをやっている」と言った瞬間、みんなの頭の中では、「その職業は自分よりも上？」「自分のほうが優れている？」と、相手と自分の価値を比較し始めます。子どもの世界だったら、男の子が「自分のほうが背は高い？」それとも「相手のほうが高い？」と、どちらが上なのかを比べたくなる、あれです。子どものころ、私は背が高かったので、「自分のほうが低い」と気分を悪くした相手に、「かわいそうに。この子の気分をなんとかしなければ」と気を使っていました。ところが、気を使って「でも、僕は力が弱いんだよ」と弱みを見せると、「俺よりも弱いくせに、背が高いなんて生意気！」と、相手は急に動物的になったんです。

動物的になるというのは、自分のほうが上ということを相手に示すために、「お前は弱虫だ」「頭が悪いやつ」などと、言葉や態度、そして暴力などで攻撃的になることです。このとき、攻撃された以上に反撃できないと、相手はやっぱり自分のほうが上と認識することになります。しかし実際には、私のほうが背が高いという現実があるので、**頻繁《ひんぱん》に攻撃をしかけて、自分のほうが上だと確認せずにはいられなくなる**のです。

それがマウンティングというものです。人間もしょせん動物なので、**相手に気を使って弱みを見せてしまうと、とたんに相手は攻撃的な人格に変身して、自分のほうが上だということを相手に示す**言動に出るのです。

なぜ、相手を気遣うことが、相手に弱みをさらすことになるのかと疑問に思うかもしれません。私も、かわいそうな相手に気を使っているのだから、「自分のほうが上の立場なのでは」と、思っていました。

でも、相手に気を使うのは、「相手から嫌われたくない」からだったり「仲間外れにされたくない」から。その根底にあるのは、相手に対するおびえなのです。だから、相手に気を使う時点で、**気を使うほうが下**。相手は「自分のほうが上だ」とマウンティングを始めます。

そして**マウンティングされると、会話や行動の主導権を握られて、「嫌な思いをする距離感」になってしまいます**。ズカズカと土足で心の中に入ってこられて、踏み荒らされるようなものです。

私が同窓会で体験したような相手の失礼な言動は、わかりやすいマウンティングです。ほかには、自分の夫の職業や住んでいる場所のことを話して、「私のほうが上」ということを示すなんてこともあります。ただ、本人は何か意図があるわけではなくて、動物的な本能でやめられないのです。そして、マウンティングをしてくる人には、「相手がかわいそう」という感覚がありません。**動物的本能**

で動いているような人は、相手に上下関係をしっかりとわからせることが大切で、「それを教えてあげている」「いいことをしている」という感覚のほうが強いんです。

マウンティングしてくる相手とは、種類が違うと認識する

問題は、あなたが相手に気を使ってしまう「優しい心」を持っていること。優しい心というのは、裏を返せば「相手から嫌われるのが怖い」「仲間外れにされるのが怖い」という弱さの象徴です。とにかくマウンティングの被害者は、「自分の弱みを見せれば、相手も優しくしてくれて、お互いに心が通じ合うかもしれない」ということを考えます。それはある意味で間違っていないのですが、あくまでも条件がすべて相手と一致して、同じ種類の人間でないと起こりません。

一番わかりやすい例がみにくいアヒルの子。自分とは種類が違うから「嫌われてしまう」「仲間外れにされてしまう」という恐怖心がわいてきて、相手に合わせ

ようとしてしまいます。でも、そうなるとマウンティングの対象になってしまうのです。

人間も同様です。**相手と種類が違うと、マウンティングされる可能性が高い**ということをあらかじめ知っておくと、感じ方がだいぶ違います。

相手と自分との間に適度な距離感ができて、相手が土足で心の中に踏み込んでくることはなくなります。

私は子どものころから、自分の優しさや気遣いがいじめの原因になっているこ

とに、気づいていました。でも、それを自分の努力で打ち消せなかったのは、相手が自分とは種類が違うということがわからなかったから。「みんな平等である」というキリスト教の精神を信じていたので、相手との違いを認めることができなかったんです。

もし、このように優しさや気遣いを発揮したくなるような場面に直面したら、**「種類が違う」と思うことで、相手と適切な距離感をあける。**それがマウンティングをされないコツです。

気遣いをしたくなるような動物的な相手に向き合うことは、日常でたびたびあります。そんなとき、マウンティングされずに主導権を握るにはどうしたらいいのでしょう。

次のページから紹介するテクニックを知って、ぜひコツをつかんでください。

02 フットインザドアでかわす

小さいことをお願いすると、大きなお願いがしやすくなる

マウンティングをされがちな人は、お願いするのが苦手です。逆に、相手の一方的なお願いを引き受けてしまうと、相手のマウンティングはどんどんひどくなっていきます。

相手に嫌なことを押し付けられたり、してあげたことになんの感謝の言葉もな

いのは、「自分のほうが上だから当然」と思われているから。
そんな相手には**フットインザドア**というテクニックを使ってみましょう。フットインザドアというのは、セールスマンが物を売るときに、靴をドアにはさんで閉められないようにして「ちょっとだけお話を聞いてくれますか？」と言っている状態のこと。**小さいお願いをいくつか聞いてもらうと、大きなお願いをしやすくなるというテクニック**です。

昔はコンビニエンスストアがなかったので、夕食どきに「おしょう油をちょっと貸して」などと隣の家に借りに行ったものです。たびたびお隣さんに「おしょう油を貸して」とか「砂糖をちょっとちょうだい」とお願いしていると、あるとき「家具の移動をしたいんだけど、旦那さんにお願いできないかしら」という大きなお願いもできてしまうんです。
今は、ご近所づき合いがあまりないので、困ったときに頼めないという感じではあるのですが……。

小さな質問を重ねることも有効

マウンティングをしてくる相手に対してもこのテクニックを使えます。

私の場合、職場のボスに「きみの給料は上げない」と宣言をされたことがありました。そんなマウンティングに対して、まずは「細かい仕事の相談をさせてください」と、簡単に答えられるような質問をボスに持っていき、「教えてください、お願いします」ということを繰り返します。

わかっているようなことでもわざわざ教えてもらって、「ありがとうございます！」とうれしそうに帰っていく。

これをコツコツと繰り返していって、あるとき「給料を上げてください」とお願いしたら、「しょうがないな、上げてやろう」という展開になりました。

小さなお願いをコツコツと聞いてもらうことで、給料は上げないというボスの

マウンティングをかわすことができたんです。

友人関係でマウンティングしてくる人に対しても、こんなふうにフットインザドアを使ってみましょう。相手が簡単に答えられる質問をするだけでも大丈夫。「そのマニキュアかわいいね。どこのブランドか教えて?」「昨日はビールを何本ぐらい飲んだの?」という小さな質問をコツコツ続けます。そして、あるとき、「今度、動物園に一緒に行ってくれない?」とお願いしてみるのです。

「私、動物園なんか興味がないんです

けど」と、あなたは思うかもしれませんが、あえて、このお願いを試してみてください。

小さなお願い（質問に答えてもらう）から、時間を浪費する大きなお願いを相手に聞いてもらえるようになったとき、相手からのマウンティングはなくなります。

そして、お願いを聞いてもらうことを繰り返すうちに、「私はこんなふうに相手からマウンティングされていたんだ」と、あなた自身も気づくことでしょう。

マウンティングしてくる相手には、動物的な対応が必要に

このフットインザドアを実践することで、「逆に私が相手に対してマウンティングしているんじゃないの」と不安になるかもしれません。なぜなら、「自分がされて嫌なことを人にしてはいけません」と、子どものころに親から教え込まれ

てきたから。

でも、この教えの対象はあくまでも「人」に対してです。**マウンティングをしてくる相手は「アニマル」**。動物的な対応が必要なんです。こちらがフットインザドアのテクニックを使うとマウンティングをしてこなくなるのも、動物的な本能だからです。

動物園に行ったときも、「ねえ、もうちょっとサル山を見ていたいんだけれど、つき合って！」と、小さなお願いを繰り返して、マウンティングをかわす訓練を続けましょう。フットインザドアは使ってみると、簡単に主導権を握れるようになって、おもしろいですよ。

03 ドアインザフェイスでかわす

大きな要求を断られてから、小さな要求をする

ドアインザフェイスというテクニックは、本命の要求を通すために、まず大きなお願いをして、それが相手に断られたら、最初よりも小さなお願い（本命）を出すことで、お願いを聞いてもらうというテクニックです。

「母親なんだから、お前が責任をもって子どもの面倒をみろ」と、一方的に言われるとムカッときます。そんなマウンティングをしてくる夫にはドアインザフェイスを使って、うまく主導権を握りましょう。たとえばこんなふうに……。

夫に、「今週、私も忙しいから、毎日の夕食の用意と食器のあと片づけをお願いね」と笑顔でお願いします。夫は「おい、おい！　そんなの無理に決まってるだろ。俺だって仕事で疲れているんだから」と断ってくるはず。そこですかさず、「それなら週末に、子どもも入れるおいしいレストランに連れていってくれる？」とお願いします。すると夫は、「わかったよ、しょうがないなー」とうれしそうにインターネットでおいしい店を検索し始めます。

多くの人は、「そんなまわりくどいことはしたくない」と思ってしまうかもしれませんね。なぜなら、そんな夫に頼むくらいだったら、自分ひとりで出かけておいしいものを食べたほうが楽しいから。でもこれには、**お願いを聞いてもらうというよりも、マウンティングを避けるという意図があるん**です。

相手にマウンティングをされると、「なんだか疲れが取れない」「気持ちが重くなる」「みじめな気持ちになる」「イライラして眠れない」「ストレスで太ってしまう」などという症状が出たりします。**「あの人と会うのが面倒くさいな」と思ったら、相手からマウンティングをされている可能性**があります。

そんなときは、面倒かもしれませんが、ドアインザフェイスを試してみてください。「身体がだるかったのに、ちょっと軽くなってきた」と実感できるはずです。

まずは身近な人でテクニックの練習を

でも、本書を読んでいて、「こんなふうに実践すればいいんだ」と頭の中では理解できても、実際マウンティングしてくる相手を目の前にすると、何もできなくなるかもしれません。それこそがマウンティングをされている証拠です。

だから、いきなりマウンティングしてくる相手に試すのではなくて、身近な人で練習しながら感覚をつかんでいきましょう。ちょっと罪悪感がわくかもしれませんが、自分の子どもに対して試してみるのもひとつの手です。

たとえば、自分の子どもや親戚の子どもに「ちょっと肩がこっているから、1時間ぐらい肩をもんでくれる?」とお願いしてみてください。「えー、そんなの無理」と言われたら、「わかったよ。そしたら、その代わりに買い物に行ってきてくれるかな?」とお願いしてみます。最初のお願いと、あとのお願いがどれくらいの差なら、聞いてもらいやすくなるかというのは、子どもだと確かめやすかったりします。

身近な人でだんだんコツをつかんできたら、今度は会社の人に広げていきます。

会社の同僚に、まずは「私の代わりにこの仕事を担当してもらっていいかな?」と無理なお願いをしてみます。「そんなの無理です」と言われたら、「わかった、そしたらお昼のお弁当だけ買ってきてもらっていい?」とお願いしてみるのです。

別に本当に弁当を買ってきてほしいわけではなくて、ドアインザフェイスで**お願いを聞いてもらうことで、相手からのマウンティングを避けて、主導権を握ること**ができるようになります。

実際にある男性が、上司に対して「私の部署をほかの部署と切り離して独立させてください」という無理なお願いをしました。上司が「う～ん」と困ってしまったら、「それが無理だったら、私の名刺に入れる肩書きをください」とお願いしたそう。すると上司は、「わかった、肩書きの件はなんとかしよう」と言ってくれ、

その男性は役職がついて昇給することになったとか。

ただ、こんなふうに、必ずしも何かを勝ち取る必要はありません。ここでこのテクニックを使うのは、あくまでも、マウンティングを避けるため。「会社に行くのが憂鬱でなくなって、ちょっと自由に動けるようになった」となれば成功です。

家に帰ってきてからの疲れ方が、今までとはぜんぜん変わってきます。

同僚や上司からマウンティングされていると、家に帰ってからも何もする気がなくなってしまいます。でも、ドアインザフェイスでお願いを聞いてもらえば、マウンティングを避けられるようになります。

精神的、肉体的な疲れ方が今までとまったく変わって、家に帰ってからも楽しめる余裕ができるようになるんです。

04 ダブルバインドでかわす

ふたつのメッセージで相手を混乱させ、主導権を握る

ダブルバインドは、**相手にふたつの相反するメッセージを伝えて混乱させるというテクニック**。実はこのテクニックはみんな使っていて、知らないうちに相手を混乱させて動けなくさせる状態を作り出しています。

たとえば、お母さんが子どもに「あなたはもうお兄ちゃんなんだから、自分で

なんでも考えてやりなさい」と言ったあとに、「なんでちゃんとおもちゃを片づけられないの。さっさと片づけなさい」と怒る。すると怒られた子どもは固まって動けなくなり、片づけができなくなってしまいます。これは、「自分で考えて行動しなさい」というメッセージのあとに「子どもに考えさせようとしないで、片づけるように指示する」という、**相反するメッセージを伝えている**ため、ダブルバインドになります。

子どもに対して言いがちなのは、「あんたはやればできる子なのに、どうしてやらないんだろう」という何気ないメッセージ。「やればできるからやりなさい」というメッセージと、相反する「やらない」というメッセージが入っているので、ダブルバインドで子どもは動けなくなってしまうんです。

大人の場合、たとえば不倫関係から抜けられなくなってしまうのは、「きみのことを愛しているけど、今は妻と別れることができない」というダブルバインドになっているから。「愛しているから結婚したい」というメッセージと同時に、「妻と別れられない」という矛盾するメッセージがあるため、催眠にかけられたように別れられなくなってしまいます。

このダブルバインドをマウンティングしてくる相手に実践してみましょう。**相手を混乱させて催眠状態にすることで、マウンティングができない状態を作り出す**ことができます。

「なんで、ちゃんと連絡してこないの」とマウンティングしてくるパートナーに対して、「私を愛しているから、私のことをすべて知りたいのよね」というダブルバインドをかけます。これは、「愛し

私のこと愛してるから
私のことをすべて
知りたいのねー？
え…
あ…
うん…
う…
動け
ない…

ているからすべて信じて任せられる」というメッセージと、相反する「すべてを知らないと安心できない」というメッセージで、ダブルバインドになります。

ダブルバインドにかかった相手は、「もうあなたの行動が気にならない」と感じるようになり、マウンティングしなくなります。

手があいているのに、仕事を頼んでも断るというマウンティングをしてくる会社の同僚には、「仕事を断ることで、自分の仕事に集中できるよね」と嫌味にならないように笑顔で伝えます。

「仕事をしたくないから頼まれた仕事を断る」というメッセージのあとに、「仕事に集中したいから断る」という相反するメッセージが入るので、ダブルバインドになります。相手は動けなくなり、もうマウンティングすることができなくなります。

相手のためを思って伝えることで、自然にダブルバインドに

こんなサンプルを見ると、「嫌味を言えばいいのかな」と思うかもしれませんが、嫌味では相手のマウンティングが逆に強くなります。

ダブルバインドをかけるコツは嫌味ではなくて、**相手の立場になって、相手のためを思うこと**です。親が子どもにダブルバインドをかけるときは、あなたのためを思って言っているという気持ちがあります。相手に気を使うことで、知らないうちにダブルバインドになっていて、相手を混乱させることもあります。

ですから、**相手のことを思ってという世話焼きの精神でコメントを考えれば、簡単にダブルバインドになる**んです。

そこで大切なのは自分の**「相手のためを思ってした発言」を覚えておいて、書**

き留めておくこと。あとでチェックしてみると、ちゃんとダブルバインドになっていることがわかります。発言の前半と後半が相反するメッセージになっていて、相手を混乱させてマウンティングを無力化しています。

メモしたそのダブルバインドのメッセージは、相手が「またマウンティングしてきそう」というときに使えます。そして、同じダブルバインドのフレーズを何度も使っているうちに、完全にマウンティングを封じることができるようになります。

マウンティングをしてくる相手を、**自分の子どものように心配してあげる**ことで、心理療法のプロが使っているダブルバインドを誰でも簡単に使うことができるんです。

05

ツァイガルニク効果でかわす

思わせぶりに話を打ち切ることで、会話の主導権を握る

ツァイガルニク効果とは、「**人は達成できなかったり、中断していることのほうを、達成できたことよりもよく記憶しているという現象**」のこと。人間には「話が途中で終わると続きが知りたくなる」という心理があるので、この現象を応用して、会話の主導権を握ることができます。

たとえば、夫に子どものことを相談しようとすると、「仕事で疲れているんだから、気分が悪くなるような話をするなよ」と言われます。「あなたの子どもでもあるんだから、一緒に考えてよ！」とは言ってみるものの、結局は「この人に相談するのが間違っていた」と後悔することに。そして、時間とともに「私だって一生懸命やっているのに、なんであんな言い方されなきゃいけないの」と怒りがわいてきます。再び話し合おうとしても、「また、今度にしてくれないか」と完全に夫に支配されて、夫に対する不快な気持ちが頭から離れなくなってしまいます。

そんなケースの場合は、夫の前で「子どもの学校の成績がね、とってもまずいみたいなのよね……」とだけつぶやいて、**話を途中で終わらせてみてください。**すると、夫は気になって、「学校の成績がどんなふうにまずいんだよ」と聞いてくるはず。そこで、「今、食事の用意をしているからあとでね」と伝えて、取り合わないようにします。夫が再び、「どんなふうにまずいんだよ」と気になって聞いてきたら、「今、手が離せないから、子どもに直接聞いてみて」と伝えてみます。……もし、ここで夫が直接子どもと話を始めたら、夫のマウンティングをかわせたことになります。自分は子どものことは何もしないという夫のマウンティングをツァイガルニク効果で阻止したことになるからです。

夫が子どもに直接聞かずに、マウンティングを続けてくる場合は、「子どもの成績が気になるんだよね」と独り言のようにつぶやき続けてみましょう。夫は「どんなふうに気になっているんだよ」と聞いてくるはず。「話をするのは、今度、あなたが疲れてないときでいいよ」と、あくまでも夫に主導権を与えないようにしましょう。

「せっかく夫が興味を持ってくれたんだから、きちんと話したほうがいいのかも」という誘惑に駆られるかもしれませんが、あくまでも夫のマウンティングをかわすためだと耐えてください。

夫に対しての話の内容はどんなことでもよくて、**「気を持たせる」ということがツァイガルニク効果のコツ**。「話を途中でやめる」「夫が食いついてきそうな話題に変えて話を途中で切る」ということを繰り返すうちに、「ちゃんと教えてください」という態度に、改めさせることができるんです。

全部まじめに教えないのが、マウンティングされないコツ

なんでも自分の話にすり替えてマウンティングしてくるママ友に対しても、ツァイガルニク効果を使うことができます。たとえば、**「○○さんのことが心配なのよね」と思わせぶりに話を切ってみます**。するとマウンティングをしてくるママ友は、「私も気になっているのよね」と自分の話に持っていこうとするはず。でも、そこでは「そんなところもあるかもしれないわね」などと中途半端に話を終えましょう。くわしく説明せずに「あなたはどう思っているの?」と相手に話をふって、肯定も否定もしないで話を終わらせる。そんなことを会うたびに繰り返すうちに、ママ友の態度が軟化して、そのママ友はマウンティングをしなくなって静かにな

るんです。

会社のボスで、人の話をちっとも聞かずに自分の言ったことをコロコロ変えるようなマウンティングをしてくる人には、**「途中経過を報告する」ということを繰り返してみると効果的**です。

完璧に報告書を作成してボスに持っていくと、「私はこんなこと言っていない」と話を覆されてしまいます。

そこで、「こんな感じで報告書を作成しようと思っています」と最初の段階で書類を持っていってみます。すると面倒くさそうに「いいんじゃない」と突き返

してきます。次も、やっぱり途中経過で「報告書はこんな感じでいいですか?」と持っていくと、ざっと読んだだけで「いいんじゃない」と返してきます。そんな感じで途中経過の報告を繰り返して「これが最後の部分です」と3回に分けて見せると、「よくできてるじゃないか」とマウンティングをしてこなくなります。

それまでは完璧に作成した報告書であればあるほどダメ出しをされて、「きみは仕事ができない」とマウンティングをしてきていたのに、ツァイガルニク効果を使うことでマウンティングをかわすことができるように。そして「ボスから認められて、仕事を任されるようになった」という結果になります。

マウンティングをされる人は完璧主義という特徴があって、「全部説明しないと気が済まない」「資料は完璧に作成しないと報告できない」というふうにまじめになりすぎる傾向があります。そのまじめさが、マウンティングをする人の大好物。「途中までしか教えてあげない!」とまじめさを捨てることで、マウンティングを避けることができるんです。

06 返報性の原理でかわす

ギブアンドテイクで、小さな貸しで大きな見返りを得る

人は他人から何かをもらったり、してもらったりすると、「お返しをしなきゃ」という気持ちになります。それを**返報性《へんぽうせい》の原理**といい、マウンティングをしてくる相手に楽しく使うことで、マウンティングを避けることができます。

たとえば、夫が「おい、飯はまだなのか！」とイライラした口調でマウンティングをしてきたら、「おいしいご飯がもうすぐできるから、お風呂を洗ってもらえる？」とお願いしてみましょう。**「おいしい食事」に対しての見返りが「お風呂を洗うこと」**になり、上手に相手のマウンティングを避けることができます。

また、あなたの彼が「おい、ビールを買ってきてくれ！」と横柄な態度に出てきたら、「買ってきてあげるね。私のアイスのお金も出してもらっていい？」とかわいくお願いします。いつもなら、自分が彼のビール代を出すところ。そこを**「買いに行ってあげる」という小さな貸しを作って、自分のアイスのお金も出してもらうという見返りを得る返報性の原理**を使います。すると、彼は横柄な態度をとらなくなり、マウンティングをしなくなります。

相手に頼んだときに、嫌な顔をされたり、断られるのが嫌だからという理由で、**頼みごとをするのが億劫《おっくう》だと思う人は、相手にマウンティングをされている証拠。**相手に気軽にものを頼めるのかどうかが、マウンティングをされているか、そうでないかのわかりやすい指標になります。

私の場合、会うといつも嫌な気分になる友だちがいました。その友だちと食事をしたときに、「今回は私が支払うから、次回は○○という中華料理店に一緒に行ってくれる?」とお願いしてみました。もちろん、今回の支払いよりも、次回の中華料理店の支払いのほうが高いのはわかっています。次回、「前回、払ってもらったから、今日は私が払うよ」と友だちが言ったときに、「ありがとう。つき合ってもらったうえに勘定まで支払ってもらって」と私は返しました。そういうやり取りを経ると、相手の態度が変わったことを感じるように。それまでは、いつも食事に行くと会計をやらされて、「割り勘といっても、いつも自分のほうがちょっと多く払っている」と嫌な気持ちになっていたのです。「あの嫌な感じって、マウンティングだったんだ」とあとから気がつきました。

返報性の原理を使うことで嫌な気分がなくなったのは、マウンティングを避けることができたからなんです。

私が以前、ある会社で仕事をしていたとき。特定の女性社員から目の敵《かたき》にされるというマウンティングを受けていました。そんなときに、返報性の原理を思い出しました。

その女性に「この資料のコピーを取っておいて」と、つっけんどんに渡されたときに、「わかりました！」と笑顔で答えたあと、「この原稿を作成したのですが、チェックをお願いできますか？」と書類を渡しました。彼女のほうは、まじめに私の原稿をチェックして、細かいところまで赤を入れて、ドヤ顔をしてきました。

さらに、その女性のほうから「この資料を役所まで届けてきて」と頼まれたときに、「喜んで行ってきます！」と答えたあと、「企画書を作成したので、内容を見ていただいていいですか？」と分厚い資料を渡しました。そして、役所から帰ってきたときには、まだ企画書のチェックが終わってなくて、彼女は申し訳なさそうに「明日になってもいい？」と聞いてきたんです。私はちょっと残念そうに「いいですよ」と答えて、どうでもいい企画書を相手に任せて先に帰りました。そんなことがあってから、彼女からのマウンティングはなくなって、職場に行くのが楽になりました。それまでは、朝から気が重かったので、「あの女性社員のマウンティングの威力はすごかったんだな」と、妙に感心したものでした。

マウンティングされる人は、人間関係の算数障害になっている

マウンティングされる人の特徴のひとつに算数障害があります。算数障害とは、本来、計算がまったくできないという障害なのですが、ここでは**人間関係の計算が苦手**という意味で、算数障害と呼びます。

算数障害のある人は、相手からひとつ親切にされたら、計算間違いをして10のお返しをしてしまいます。本当は、**1の親切に対しては1のお返しでいいのに、10を返さないと「悪いことをしている気がしてしまう」と思うのは、人間関係の計算ができていない**からです。

ある女性が、「バレエの先生にお土産を買っていかなければ」と言っていて、私はびっくりしました。理由を聞いたら「親切に教えてもらっているので、何かお返しをしなければ」と思い込んでいて、実は本人も悩んでいたんです。

「教えてもらうのに月謝をちゃんと払っているんでしょう?」と聞いたら、「はい、それだけじゃなくて施設の利用料もちゃんと納めています」と言うのです。「もしかして、そのバレエの先生って教えるときに手抜きをしていない?」と聞いてみたら、案の定、「そういえば、先生は休むことが多くて、お弟子さんが教えて

先生、ここのバレエテクニック、くわしく教えてください
キリッ
月謝
え
ああ…いいわよ

くれることが多いです」とのこと。

彼女は、バレエの先生に嫌われるんじゃないかとビクビクしていて、先生が何をしても一切文句が言えないという状態になっていたんです。それは人間関係の算数障害があったから。そういうときは、月謝を支払うときに、「先生、このバレエのテクニックをくわしく教えてください」と、これまで頼んでいなかったことをお願いすると、先生の態度が変わってきます。

「先生に何かサービスをしてあげなければ」と不安になっていたのは、実は先生からマウンティングをされていたから。算数障害があったことに気がついて、返報性の原理を使うことで、マウンティングがなくなり、彼女は純粋に「バレエをするのが楽しくなった」というふうに変わっていったのです。

第4章のまとめ

- 相手と「種類が違う」と思うことで、適切な距離感をあけることができる。
- 小さいお願いをいくつか聞いてもらうと、大きなお願いがしやすくなる。
- 大きな要求を断られてから、小さい要求をすると、要求が通りやすい。
- 相反するふたつのメッセージで相手を混乱させれば、マウンティングされなくなる。
- 途中で話や報告を打ち切ることで、会話の主導権を握れる。
- 1の親切に対しては1のお返しでいい。

第5章

他人に振り回されないためには

自分らしく自由に生きるための方法を紹介しています

01

自分と向き合うと、気持ちが楽になる

学生のころ、恋をして苦しくなったことがありました。「あの子、僕のことをどう思っているんだろう?」と考えると、胸が締め付けられるような感覚になるんです。彼女のちょっとした視線に「僕のことを意識しているのかも」と期待したり、「いや、なんとも思ってないのかも」と不安になったり……。「好きです」と告白して断られたらどうしようと絶望的な気分になることも。

そして、友だちにも「彼女、僕のことをどう思っているんだろう?」と相談していました。告白して振られるのが怖いから、事前に友だちの意見を聞いておこ

う と思ったんです。でも、そうやって彼女の気持ちを考えていると、さらに不安が増してきました。挙げ句に夜も眠れなくなっていきました。

自分と向き合うことで、他人に振り回されなくなる

そんなとき、ふと「**自分の本当の気持ちはどうなんだろう？**」と我に返りました。いつも、彼女や友だちなど他人の気持ちばかりを考えていたけれど、自分の本当の気持ちを考えてみました。自分の気持ちと向き合ってみると、「あれ、彼女のことなんて、実はそれほど想っていないかも……」と気づいて、それまでの胸の苦しさが、サーッと引いていきました。

その経験から、**人の気持ちを考えすぎてしまうと、振り回されて苦しくなる**ということが、初めて実感できました。そして、**自分に向き合えば、振り回される**

苦しみから解放されて楽になるという仕組みが見えてきたんです。

社会人になってからのこと。毎朝、電車の中で、「職場の上司は、私のことを仕事ができないと思っているのかな」と考え出すと、会社に行くのが嫌になっていました。「あの上司、私のダメさ加減を見透かしているのかもしれない」「陰で私の悪口を言っているのかも」という心が苦しくなるような想像が止まりません。そのうち、会社で上司の顔をまともに見ることもできなくなりました。上司と同僚が話をしているだけで、「私のことを噂しているのかも」と疑心暗鬼になっ

て、会社から逃げ出したくなっていました。

そんなとき、学生時代の恋愛を思い出しました。自分と向き合うことで、あの恋愛の苦しみから楽になったことが浮かんできたんです。なので、今回も「自分は上司のことをどう思っているのかな?」と自分の気持ちに向き合ってみました。するると、「あんなおじさんは、どうでもいい!」という、ものすごく失礼な気持ちが自分にあることがわかったんです。

それからは、上司の態度を不愉快に感じるたびに、自分と向き合いました。そこには上司のことなんて気にもかけていない自分がいて、とても頼もしくなりました。**自分と向き合うことで、上司の気持ちに振り回されなくなったん**です。

誰かに振り回されていると感じたら、自分と向き合ってみる

「子育てにちっとも協力してくれない夫へのイライラが止まらない」という女

性のカウンセリングをしました。彼女は、「夫は自分の子どものことをかわいいと思っていない」「私のことももちっとも大切だと思っていない」と話していました。夫や子どものことを考えれば考えるほど、夫に対する怒りが止まらなくなっていたんです。そういう状態のときこそ、「自分と向き合うんだ」と思い出していただきたいです。そこで、その女性に「旦那さんのことをどう思っているんですか?」と質問をしてみました。すると、「頼りがいがないダメ夫」という言葉が返ってきて、彼女自身も、自分の言葉にびっくりしたようでした。それから、こんな頼りがいがないダメ夫と結婚してしまって後悔していること、そんな選択をしてしまった自分を責めているという話が出てきました。

それからもう一度「旦那さんのことをどう思っていますか?」と、自分に向き合うように誘導してみたんです。すると、「夫のことはどうでもいい」という言葉が出てきて、その言葉にすっきりしたようです。次に「お子さんのことをどう思っていますか?」と、やはり自分に向き合える質問をしてみました。すると「うーん、子どもは大切かな……」という答え。さらにもう一度、「本当はお子さんのことをどう思っていますか?」と聞いてみると、今度は「夫にあてつけるために、子どものことを心配していただけ」ということに気づいたんです。「私って、本当は子どものこともそんなに気にしていないんですね」と、さっぱりとした笑顔を見せました。

自分と向き合うのは簡単です。周りの人の気持ちを考えすぎて振り回されていると感じたら、「**本当は、あの人のことをどう思っているの?**」と自分に問いかけてみましょう。すると、シンプルでドライな答えが返ってきてびっくりします。

何度か繰り返しているうちに、他人への気持ちのしがらみから解放されて、自由に自分のために動けるようになり、人に振り回されなくなっていきます。

02

他人と自分の間に境界線を引く

ある女性の話です。彼女は職場で同僚から「その靴どこで買ったの?」「いくらしたの?」と聞かれて、面倒くさいなと思いつつも、いちいち答えていました。するとと相手は調子にのって、「今、つき合っている彼氏はいるの?」「え、なんで別れちゃったの?」などと、そんなことまで聞かなくてもと思うような、プライベートなことまで聞いてきました。

それにも正直に答えてしまうと、「あなたは考え方がネガティブだから、男性関係が続かないんだよ」とか、「もっと明るい色の服を着て髪形を変えてみたら?」

という余計なアドバイスまでしてくるように……。「なんでこの人から、そんなことを言われなきゃならないの」と怒りがわいてきて、仕事に行くのがだんだん嫌になってきたそうです。

この女性の悩みを聞いていたら、中東のラクダの寓話《ぐうわ》を思い出しました。

ある人が砂漠でテントを張っていると、寒がるラクダが鼻をテントに突っ込んできます。それを「まあいいか」とそのまま放置しておくと、今度は顔を突っ込んでくるんです。「顔だけだったらいいかな」と思っていると、今度はあの長い首まで突っ込んでくる。そして、いつの間にか大きな体でズカズカとテントに押し入ってきて、人が追い出されてしまう……というお話です。

要するに家畜と人間の境界線をちゃんと引かないと、どんどん侵入されちゃいますよという教訓です。

他人との境界線を引くことは必要！

人間関係も同様です。第1章でもお伝えしましたが、**境界線をちゃんと引いておかないと、「ズカズカと相手が侵入してくる」という現象が起きます。**職場の同僚や友だちの場合、「これを答えなかったら関係が悪くなるかな？」と、ついあとのことを考えてしまいがち。でも、そういうことを恐れていると、他人にプライベートまで侵入されることになります。ですから、境界線を引くことは必要なん

です。

欧米では、相手が土足で侵入するような質問をしてきたら、「It's not your business!（あなたには関係ない）」とはっきり言って、相手からの侵入を防ぎます。境界線をはっきりさせるんです。

日本は島国で、他国から侵入されるという感覚が薄いので、ついヘラヘラと笑って「適当なことを答えておけばいいや」と、境界線をうやむやにしてしまいます。すると相手は、まるでラクダのように、どんどん心の中に押し入ってくるのです。

頭の中で太い境界線を思い浮かべてみよう

でも、「それはあなたに関係ないことでしょう」と拒絶してしまうと、周りの人に悪口を言われたり、仕事で嫌がらせをされたりするかもしれない……と不安になりますよね。

そこで口には出さずに、**頭の中で、相手との間に一本の太いライン（境界線）を引くことをイメージしてみましょう。**すると、「あれ、相手が引き下がった」「変なことを聞いてこなくなった」という不思議な現象が起きます。

それでも、ズカズカと侵入してくる相手には、今度は**太い線ではなくコンクリートの壁**をイメージしてみます。それでもしつこく侵入してくる相手には、相手の前に**刑務所のような高い壁**があることをイメージします。越えることができない高い灰色の壁があれば、侵入してくることはありません。

この「相手と自分の間に境界線を引く」という仕組みはこういうことです。

相手から侵入されてしまう人は、不快に感じたことを相手に悟られないように、瞬時にヘラヘラ、モジモジしてごまかそうとします。すると、不快なのにヘラヘラしているという相反する態度が、相手を混乱させます。混乱した相手は、まるで催眠術にかけられたように、他人の心に侵入するようなズケズケとした質問が止まらなくなってしまうんです。

だからといって、「中途半端な態度で、相手を混乱させている私がいけないのか」と反省する必要はまったくありません。「相手を傷つけないように」「その場の雰囲気を悪くしないように」と、他人の気持ちを考えてしまうと、相手を混乱させるような態度をとってしまうのが人間なのですから。

相手と自分の間に一本の太いライン（境界線）をイメージするだけで、不思議と周りの人に気を使わなくなります。境界線のイメージに集中するだけで、ヘラヘラ、モジモジすることがなくなり、相手もきちんと距離感を保ってくれるようになるんです。

これをするだけで職場の人間関係が楽になって、息苦しいモヤモヤした感覚がなくなりますよ。

03

ときには人間関係を整理する

私には友だちが少ない……。というか、友だちなんてほとんどいないと思っていたので、余計に「人づき合いを大切にしなければ」と意識していました。そこで、ちょっと困ったことがあると、「あの人に聞いてみよう」「あの人に相談してみよう」というふうに知人にわざわざ連絡を取って、人間関係が途切れないように気をつけていました。

そんなことをしていたころは、いつも人の気持ちばかり考えていて、嫌な気分になることが多かった気がします。人と連絡を取り合っては、「なんであの人は私にあんなことを言ったんだろう？」「自分はバカにされている」「なめられている」という怒りがわいてくることもたびたび。

そして、そんな人たちからバカにされる自分は、ダメな人間だと情けない気持ちにもなりました。変わらなければと努力しても、やはり人間関係で嫌なことが続いて、ちっとも楽しくない人生だと感じていたし、したいことが何もできないでいました。

そんなとき、ある人から、「なんであなたはあんな人とつき合っているの？」と言われて、「え？」と固まってしまいました。

みんなから尊敬される人間になりたいから、「好き嫌いをしないで誰とでもつき合わなきゃいけない」と、無理をしながら多くの人とおつき合いをしていたのです。

でもそのとき、大人だったら**年齢相応の好みというものがあってもいい**んじゃないかと我に返りました。「なぜ？」と聞かれたおかげです。

なんであんなに無理をして、人とつき合っていたんでしょう。小学校に入学するとき、「１００人、友だちできるかな？」と言われたのを当時は引きずっていたのかもしれません。そんな幼い自分に気がつき、「だから苦しかったのかも」とはっとしました。

そこで、大人の人間関係を築こうと決意して、**自分からわざわざ相手に連絡をしない**ようにしてみました。

すると人間関係がどんどん整理されて、連絡したり、相談したりする人が減りました。最初は、自分から連絡をしないと

100人友だちできるかな!?
誰とでも仲良く!?
え…もういい大人だよ?私…

誰からも相手にされなくなるんじゃないかと落ち込んだのですが、連絡を取る人は取る、つながっている人とはつながっていくものです。そのうち無理につき合わなくなったおかげで、人の気持ちに振り回されたり、嫌な気持ちになることがなくなり、心が軽くなっていきました。

大人の好みで人間関係を選べば、他人が気にならない

他人に振り回されなくなったら、自分のやりたいことができるようになりました。子どものころから夢だった文章を書くことに集中できるようになったんです。

それまでは、「あの人が読んだらこんなふうに思われるかもしれない」「あの人だったらこんなダメ出しをしてくるかも」と他人のことを考えてしまって、ちっとも思うように書けなかったんです。そして、何度も書いては捨てるを繰り返して、結局、何も書き上げることができませんでした。

ところが人間関係を整理してからは、「書くことが楽しい！」と思えるようになって、どんどん進むようになりました。他人からはいろんな批判をされますが、**私は大人の好みで人間関係を選ぶ**と決意すれば気になりませんでした。以前のように、**誰とでも仲良くという子どもの思考をやめて、自分の好きなもの、自分の身体に合うものを食べるというイメージでいれば、人間関係が整理され、お互いに尊敬し合える友だちだけが残っていくのです。**

人間関係を整理することが大人になる道

子どものときは駄菓子屋さんの駄菓子を全種類食べてみたいと思っていました。今、この年齢になって、「駄菓子はさすがに食べたいと思わないな」と、自分の好みが変わってきたことに気がつきます。ちょっと前まではスーパーで売っているスナック菓子も好きでしたが、最近はそれもなくなりました。

年齢を積み重ねるにつれて好き嫌いが増えたというと、わがままな人間に聞こえるかもしれません。でも私の中では、**自分の身体が喜ぶものだけを選べるようになった**という感覚があります。

友だち関係も、自分の魂が喜ぶような人だけに絞られていき、少ない友人でも満足できる自分がいます。自分もやっと大人になったなと思えるようになってきました。

人間関係を整理することは大人への道だったというのは、私にとってとても大切な気づきでした。

04 自分にとって好きな人ってどんな人？

大人になったら、好き嫌いなく、誰とでもおつき合いしなければと思っていたのですが、**「大人になったら」という時点で、自分が子どもだと認めている**ことになります。まあ、子どものような精神状態で、「この人は優しいから好き！」「この人は意地悪だから嫌い！」というふうに友だち関係を整理していくのもありなのかもしれませんが……。

この「好き嫌い」を、食べ物の好みで考えてみましょう。

「好きなものなら毎日でも食べられる」という子どもの主張に、決まって大人は「そんなに毎日食べてたら飽きるでしょ！」と言うので、そんなバカなと子どもは思います。ところが実際に大人になってみると、近所の弁当屋さんのサバ弁当がいくら安くておいしいからといって、連続して食べていたら、さすがに飽きてきます。そんな自分に、「あのときの大人たちと同じだ」とびっくりしました。お腹が空くという感覚は子どものころと変わらないのですが、おいしいと思う食べ物でも何度も食べているうちに、食べたくなくなる。これが大人というものです。

人間関係も自分の身体にいいものを選択する

人間関係も好き嫌いよりも、**自分の身体にとっていい関係**を選択するようになりました。「まずいものは食べたくない」というように、自分の感覚を大切にしていますが、ただおいしいだけではなくて、心身によい人間関係を築こうと考えていくと、自分に合った人間関係が自動的に絞られてきます。

食事の場合、身体にいいというのは食べて心も身体も元気になることが基準。人間関係では、**会うと元気になるというのが、身体にいい人間関係。**別に、テンションが上がるとか、大声で笑うという元気さだけではなくて、**「あの人と会うと元気をもらえるな」という感覚**です。逆に会うと嫌な気分になる、モヤモヤするのは、身体に合っていないから。

子どものころから親に、「好き嫌いを

してはいけない」と育てられ、ずっと我慢してきました。おかげで人間関係でつらい経験をたくさんして、確かに勉強にはなったかもしれませんが、ちっとも幸せな気分にはなれませんでした。

我慢を積み重ねていけば、そのうちに尊敬される人間になれると信じてきたけれど、どんどん情けない気分になるだけですし、自分自身がちっとも輝けません。

ところが、身体にいい人間関係を選択すると、自分がどんどん元気になっていったのです。すると、**いろんなことに挑戦して、なりたい自分になっていた**し、見回せば自分を尊重してくれる人だけが周りに残っていました。

好き嫌いをしてはいけないからと気を使っていると、おいしくないもの、身体に悪いものばかりに時間を割かれて、ぶくぶく太って動けなくなります。

でも、身体にいい人間関係なら、自分本来の体形に戻って自由に動けるように。

身体にいい人間関係を築くと決意すれば、他人に振り回されなくなり、本来の自分らしく生きられるようになります。

05

好きかどうかは、快・不快で判断する

子どものころ、ケーキ屋さんの前を通ると「ケーキが食べたい！」という衝動に駆られていました。でも最近は、おいしそうなケーキ屋さんの前を通っても、食べたあとのことを考えて「やめておこう」となります。食べているときは幸せいっぱいでも、食べてしまうと後悔。満腹感でいっぱいで動けなくなり、「こんな生活をしていたら太ってしまう」とあせりが襲ってきます。

ポテトチップスも同じ。私はポテトチップスが大好きなのですが、食べると後悔するので、私にとって身体にいい食べ物ではない可能性が高いんです。

子どものころあまり好きじゃなかった野菜サラダとか魚のほうが、食べたあとに元気に動けるようになってびっくりします。もっと驚いたのは、ある方からいただいたおいしい鶏のモモ肉。「鶏肉なんてみんな同じで調理法が違うだけでしょ」と思っていたのに、いつものスーパーの特売品とはぜんぜん違っていて驚きました。翌朝、ジョギングをして「あの鶏肉を食べたから元気に動けるのだな」と、いつもとの違いを感じることができました。

人間関係に我慢は禁物

人間関係も同じで、**身体にいい人間関係は、その人と接触したあとにどんどん元気がわいてきます。**でも、そうでない人間関係だと、会うと嫌な後味が残って、「悪いことを言っちゃったかな?」「相手に不快な思いをさせちゃったかな?」と不安や後悔が襲ってきます。そして「やっぱり会わなければよかった」と自分の判断を責めてしまうことも。

これって明らかに身体に悪い人間関係です。

でも、たとえ身体に悪い人間関係でも、「仕事上、避けられない」「子どものためにママ友とのつき合いは我慢しなければ」と、渋々ながらも連絡を取り合わなければならないこともありますよね。

それは**節約のためにお昼にカップラーメンを食べるのと同じ感覚**。嫌な人に連絡を取るのは節約のためのカップラーメン。節約とはいえカップラーメン生活を続けていたらどうなるでしょう。元気がなくなるだけではなくて、イライラしてしまうかも。元気になる食事をすれば、どんどん前向きに動けるようになります。やっぱり我慢しちゃダメなんだという気づきに至りました。

人間関係もまったく同じ。仕事上のつき合いで、我慢して人間関係を続けていたら、「イライラが止まらない」「否定的な思考がわいてきて、生産的なことができなくなる」という症状が出てきます。それが、身体にいい人間関係に切り替えたことで、それまでの自分とまったく変わってきたのです。**人間関係も我慢をしてはいけない**ということがわかります。

「この関係は身体に悪い」ことをきちんと認識する

私も最初は、「そうはいっても、人間関係を変えるのは無理」と思っていました。仕事だって簡単に転職するわけにはいかないし、誘われたら断ることも難しい。身体によくない人間関係でも、仕方なく続けなければならないと思っていました。

でもそういうときは、**「身体にいい人**

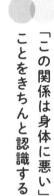

間関係」だけに注目すればいいんだということに気がつきました。嫌なつき合いは続くとしても、自分の見方を変えれば人間関係は変えられるんです。**身体に悪い人間関係の場合は、「この関係は身体に悪いんだな」ときちんと認識する。**すると適切な距離感が取れるので、あとで不快感がわきにくくなります。そして、会ったあとに元気な気持ちになれる人のことを思って、**元気になれる感覚を繰り返し思い出しましょう。**

するると、身体に悪い人間関係が整理されて、自動的にそういう人たちが離れていきます。そして離れていった分だけ、身体にいい人間関係が加わって、さらに元気になれます。

身体に悪い人と離れると最初は禁断症状が……

ひとつだけ注意する点は、身体に悪い人たちが離れていくとき、「この人から離れたら調子が悪くなるかも」「不幸になってしまうかも」という不安やイライラが襲ってくること。実はその症状こそが、相手が身体に悪い人だったという決定的な証拠です。

身体にいい人間関係の場合は、「その人から離れる」と思っても、不安にならないし、どこに行ってもつながっていて、いつでもその人のことを思うだけで元気になれるという感覚しかありません。

相手が自分から離れていくときに、ものすごい喪失感に襲われて苦しくなるのは、身体から毒が抜けていく過程だからです。**身体に悪い人たちと2カ月ぐらい接触をしなければ、毒が抜けて元気になってきます。**

06

好きな人とばかりつき合うと、こんなに幸せになれる

私も身体にいい人間関係を選択する前は、「たかが人間関係でしょう。自分がしっかりしていれば大丈夫」と信じて疑いませんでした。仕事でもふだんの生活でも、うまくいかないのは自分の意志が弱いから、そして自分が悪いからだと思って、自分を責めてきました。

ところが、身体にいい人間関係を選択してから、私の考えが間違っていたことを知りました。**頭がどんどんクリアになっていき、それまでできなかったことができるようになった**からです。片づけでも趣味でも、何ごとも三日坊主だった私

が、頭の中のダメ出しが少なくなって、毎日、楽しんで続けられるように変わっていきました。

身体にいい人間関係は、美容と健康にもいい

これは私だけの体験だと思っていたのですが、ほかの人にも当てはまりました。

ハンディキャップのある息子さんのために、嫌な親戚づき合いや近所づき合いを無理して続けていた女性がいました。

あるとき、決心して身体にいい人間関係を選ぶようにしたら、どんどん親戚たちと疎遠になっていきました。すると、彼女が急に若返ってきたんです。それまではおばあさんみたいな外見で、電車やバスで席を譲られていたのに、誰にも譲られなくなるくらい若返りました。

さらに、季節ごとに身体の調子が悪くなって病院通いをしていたのが、身体の

調子もよくなり、趣味のゴルフに没頭できるようになったそうです。その彼女の姿を見たときに、「**身体にいい人間関係って若返るんだな**」と驚きました。

ある女性はものすごくまじめで律儀なため、人とのしがらみがどんどん増えていって、不愉快な人とも我慢してつながり続けていました。「相手を不快にさせてはいけない」と思うから、相手を切ることもできません。

ところが、身体にいい人間関係を選ぶようにしたところ、どんどん友だちが減っていき、逆にあせることに。それまでど

れだけ無理をしてつき合っていたんでしょう。驚くことに、**煩《わずら》わしい人間関係が減っていくと、どんどん美しくなっていった**のです。それまで年齢相応だったのが、若返って、男性から声をかけられるようにもなったそう。彼女は「これって、**人間関係のダイエット**みたい」と笑っていました。「身体にいい人間関係」でダイエットをしてみたら、むくみが取れ、やせてきれいになったのです。今まで褒めることのなかった旦那さんが、彼女に優しく接してくるようになったそうです。

身体に悪いと自覚すれば、無意識に悪いものを選ばなくなる

また別の女性の例です。身体にいい人間関係をすすめて、ダイエットに成功しそうだったのですが、もう少しのところでリバウンドをしてしまいました。どうしてかというと、自分にとって身体に悪いのは身勝手な夫で、彼との関係を断ち切ることができなかったから。長年一緒にいるというだけで、「この人から離れ

たら生きていけない」と思っていたのです。

そんなときは、**身体に悪い人間関係だと自覚するだけでいい**んです。彼女はそのことを自覚して、身体にいい人間関係だけに注目するようにしたら、それまで停滞していたことが進み始めたそう。身体に悪いと自覚するだけで、人は無意識に悪いものを摂取しなくなります。無理に関係を断ち切らなくても、**自覚を持つだけで変わっていく**んです。

ある男性の場合は、「異性から見向きもされない」と、ひとりぼっちのさびしさを抱えていました。身体に悪い人間関係から、身体にいい人間関係に変えていくことをすすめたところ、彼は「私には難しいかも」と言います。なぜなら、唯一の人間関係である母親との関係を断ち切ることができないから。それが自分にとって身体に悪いとわかっていても、親子の縁を切ることはできなかったのです。

私は彼に「**身体にいい人間関係を探すのは、おいしいものを探す旅**のようなもの。親密な人間関係を築く必要はなくて、一緒にいたら元気になる人を探すだけ。**会っ**

たあとに元気になるかどうかがポイント」だとお伝えしました。

しばらくしてその男性に会うと、彼がちょっとあか抜けた服装になっていてびっくりしました。それまでは時代遅れのジャンパーを着ていて「その格好だともてないかも」という印象だったのです。それがすっかり今どきのイケてる男性になっていました。

その男性の服装から、「身体にいい人間関係を見つけることができたんだね」ということがわかりました。彼の悩みも変化していて、「どうやって女性と話をしたらいいのかわからない」と、これまでとは違うことを語り始めたんです。

そこで私は、「身体にいい人間関係に注目しておつき合いする人を探せば、自然と話せるようになりますよ」と伝えました。すると、いつの間にか、母親に彼女を紹介するまでに変わっていったんです。

07

自己中を極めてみる

自己中心的というと、私の場合、電車のドアが開いたとたん、人を押しのけて席を取る人というイメージが浮かんできます。「周りの迷惑を考えない」「ひんしゅくを買う」「図々しい」という印象なので、自己中心的な行動に嫌悪感すら覚えてしまいます。

自分はあんなふうにはなりたくないという思いから、「人の気持ちを考えて謙虚で優しい人になろう」と振る舞ってきました。でも、謙虚に人の気持ちを考えて行動すればするほど、こちらの優しい気持ちを土足で踏みにじられ、心を痛め、怒りがわいてきていました。

電車で高齢者に席を譲ろうとしたら、横から中年男性がさっと座ってしまい、すぐに寝たふりをします。そんなことだったら自分がいったん座って譲ればよかったと後悔して、一日そんなことが頭の中をグルグルしてしまう……。

職場で大変そうな社員がいたので「一緒に食事に行かない？」と声をかけたら、「結構です！」とものすごい口調で断られる。相手の気持ちを考えて思いきって声をかけたのに、その好意は受け取ってもらえず、拒否されて嫌な気持ちになりました。

そんな嫌な目にあっても、人の気持ちを考えることがやめられず、親切にすることがやめられませんでした。

周りからひんしゅくを買うと思ってできなかったけれど、他人に振り回されて嫌な気持ちになるくらいだったら、自己中もいいのかもしれない……。そう思って、自己中心的になることを極めようとしたことがありました。でも、これまで常に人の気持ちを考えて、他人を優先してきたので、自己中になるにはどうしたらいいのかがわかりませんでした。

自己中とは他人を大切にするように自分を大切にすること

そんなとき、私の中に**他人を大切にするように自分を大切にする**という言葉が浮かんできました。

子どものころから「自分に優しくするように、他人に優しくしてあげなさい」と教育されて、それが当たり前になっていましたが、その逆をやればいいんだと気づいたら、「なんだ、簡単じゃない！」とウキウキしてきました。

他人を大切にするように自分を大切にしようと思ったら、仕事が終わったら早く帰るだけではなくて、「おいしいものを食べに行こう！」とひとりでおいしいものを食べに行きます。おいしいものを食べながら、「今日の仕事、大変だったよね。がんばった。すばらしい！」と自分に優しい言葉をかけてあげましょう。それは**自分を気遣ってあげる**こと。誰かが見ていたら、「そんなことをして虚しくないの？」と言われそうだけれど、誰にもしてもらえないから自分でして何が悪いのという気持ちでいいのです。それが、**自分が中心ということ**です。

一番優しい言葉をかけてもらいたかったのは、実は自分だったということが、自分に優しい言葉をかけてみて初めてわかります。「よくがんばったね」と自分を中心に見てあげると、心からその言葉が出てきます。そして、その言葉は自分の中に染み込んで、明日へのやる気がわいてくるようになるんです。

他人に優しくするように自分に優しくすると、他人が気にならない

他人のいらだちや怒りに敏感で、なんとかしてあげたいと相手のためにいろん

なことを考えてきました。そのうえ、「何か悪いことをしたのでは？」と自分の行動を反省してきました。

それが、**他人に優しくするように自分に優しくして自己中になる**と、人の怒りは自分にとっては迷惑でしかないし、そんな人間関係はいらないと思えるように。そうやって人間関係を断ち切ってしまえば、他人の影響を受けずに、自由に好きなことをすることができます。相手の感情に振り回されることなく、自分のペースで美しいものを追求できるようになるから不思議です。

自己中というものはみにくくて汚いものだと思っていたけど、「他人に優しくするように自分に優しくする」ということをしてみたら、**自己中は美しいものであり、とても元気が出ること**であるとわかってきました。

自分に優しくなると、自分との関係がよくなる

人間関係について書いてきましたが、**一番大切なのは自分との関係**です。

そう、他人に優しくするように自分に優しくしてみたら、自分との関係が良好になり、「これが、私が求めていた人間関係なのかもしれない」と思えるようになりました。自分に優しくすればするほど、どんどん自分が元気になっていく。

そして、自分が元気になっていけば、それに合わせて元気な人が自分の周りに寄ってきて、身体にいい人間関係ができてきます。

自分に優しくすればするほど、身体に悪い人間関係は自然と清算されて、身体

にいい人間関係だけが残っていきます。

「他人に優しくするように」というところを「自分の最愛の人に優しくするように」と変えてみて、もっと自己中を極めてみてください。さらに周りの人から振り回されることがなくなります。

これまで求めてきた**美しい人間関係は自分の中にあった**んです。そして、その美しい人間関係を大切にしていけばいくほど、自分の周りの世界が美しく整い、自分が理想としていた未来が広がっていきます。自己中を極めてみると、そこには美しい未来が広がっていくんです。

第5章のまとめ

- 自分の気持ちに向き合えば、他人に振り回されなくなる。
- 自分の気持ちに侵入してくるような人には、頭の中で境界線を引いておく。
- 自分の好みで人間関係を選ぶようにすれば、人間関係が整理されていく。
- 身体にいい人間関係を選択すると、自分らしく生きられる。
- 身体に悪い人間関係だと認識しておけば、心身への影響は少なくなる。
- 身体にいい人間関係なら、会うと元気がわいてくる。
- 他人を大切にするように自分を大切にすれば、自分との関係もよくなる。

大嶋信頼（おおしま・のぶより）

心理カウンセラー。株式会社インサイト・カウンセリング代表取締役。

FAP療法（Free from Anxiety Program 不安からの解放プログラム）の開発者。米国・私立アズベリー大学心理学部心理学科卒。アルコール依存症専門病院、東京都精神医学総合研究所等で依存症に関する対応を学ぶ。心的外傷治療に新たな可能性を感じ、起業。

人間関係のしがらみから解放され自由に生きるための方法を追究し、心的外傷をはじめとした多くの症例の治療を行っている。臨床経験のべ9万件以上。

著作は累計55万部を超える、今もっとも人気のカウンセラー。

STAFF
ブックデザイン／藤塚尚子
イラスト／カツヤマケイコ
校正／西進社
編集協力／円谷直子

※本書は弊社発行『いつも人のことばかり考えて凹んでしまうあなたが「ま、いっか」と思える本』に加筆・修正を行って再編集し、改題したものです。

あなたを疲れさせるあの人を「どうでもいいや」と思えるようになる本

2023年6月10日　第1刷発行

著　者　大嶋信頼
発行者　永岡純一
発行所　株式会社永岡書店
〒176-8518
東京都練馬区豊玉上1-7-14
電話　03-3992-5155（代表）　03-3992-7191（編集）
D T P　センターメディア
印　刷　精文堂印刷
製　本　コモンズデザイン・ネットワーク

ISBN978-4-522-45418-3　C0176